메두사의 시선

메두사의 시선

김용석 지음

예 견 하 는 신 화

질 주 하 는 과 학

성 찰 하 는 철 학

푸른숲

사족과 몽상

보르헤스는 아직 책의 내용을 읽지 않은 독자에게 서문을 쓴다는 것은 거의 불가능한 일이라고 했다. 서문은 독자들이 아직 알지 못하는 이야기의 구성에 대한 분석을 요구하기 때문이라고 했다. 그래서 그는 후기를 선호했다. 픽션뿐만 아니라 에세이 차원에서도 보르헤스의 말은 일리가 있다. 이런 어려움 때문에 오히려 나는 우직하게 몇 십 쪽에 이르는 서문을 썼던 경우도 있다.

이 책에는 서문도 후기도 필요 없을지 모르겠다. 바로 읽어도 좋을 에세이들로 구성되어 있기 때문이다. 이것은 사족 같은 서문이라고 할 수 있다. 그러므로 독자는 지금 이 순간 바로 본문을 읽기 시작해도 좋다. 보르헤스가 말한 의미의 후기도 필요 없으리라 생각한다. 그런 분석과 성찰은 독자의 몫이기 때문이다.

철학자에게 에세이를 쓰는 일은 철학의 본질에 충실한 것이다.

철학은 실험적 사유를 추구하기 때문이다. 이것은 철학 에세이의 전통을 보아도 알 수 있다. 철학 에세이의 효시라고 인정받는 몽테뉴도 《엣세》를 쓰면서 실험(essai) 정신에 충실했다. 실험은 앎에 대한 진지한 탐구이다. 그것은 자기 성찰을 가능하게 할 뿐만 아니라 다른 사람들의 사유를 자극한다는 미덕이 있다.

철학 에세이는 지식으로 쓰는 글이다. 전문 지식이 글의 바탕에 깔려야 한다. 나는 이 책을 쓰면서 과학적 관심과 신화적 은유를 철학적 성찰에 연계하려고 노력했다. 그것이 어떻게 전개되는지는 각각의 에세이가 말해줄 것이다. 다만 신화-과학-철학의 연계는 각 분야의 개성을 전제한다는 점만 은유적으로 짚고 넘어간다. 신화는 즐겨 진리의 가면 놀이를 하고, 과학은 아직 천진난만하게 자연의 거울이기를 바라며, 철학은 현실의 베일을 끊임없이 벗겼다 덮었다 한다.

신화-과학-철학을 연계하여 글을 쓰면서 예기치 않은 결과를 얻은 것도 있다. 그것은 가히 창발적이라고 할 만한 것인데, 이런 글쓰기가 '역사'를 쓰는 한 방법일 수 있다는 것을 발견했다. 전통적 역사 서술은 사건들의 기술이지만, 이 책에서는 사건들을 기술하지 않고 세계에 대한 관심, 개념, 분석, 유비, 은유 등으로 글을 써나가도 과거를 성찰하고 현재를 이해하며 미래를 전망하는 성과를 얻고 있기 때문이다. 이 책에서 기술하는 것은 사건의 역사가 아니라, 상상력의 역사쯤 된다고 볼 수 있다.

상상력과 연결되면, 내게 한때 주어졌던 평판인 냉철함과 균형감각 그리고 담담한 통찰력으로부터는 이탈하게 된다. 글을 쓰면서 열정으로 흐트러진 균형의 불안을 기꺼이 수용하며 사유를 극단으로 밀어붙여 보기도 했다.

나의 장난기 어린 꿈 가운데 하나는 철학 에세이스트로서 노벨문학상을 받는 일이다. 노벨상을 별로 좋아하지도 않고 무시하기까지 하지만, 작은 성과를 그것으로 인정받을 수 있다면 괜찮은 일이다. 이건 나 말고 우리나라의 탁월한 에세이스트들을 위한 명랑한 예언이기도 하다.

지금까지 책을 잘 만들자는 뜻으로 편집자들과 갈등했던 일 가운데 하나는 내가 주석을 너무 많이 단다는 것이다. 최종 편집 단계에서 나는 주석을 숨어내고 편집자들은 미주, 각주, 방주(side note) 등 다양한 방법으로 필자의 요구를 수용하려고 노력했다. 그러나 이 책에는 각주도 참고문헌 목록도 없다. 자유분방한 에세이에 충실하려고 했기 때문이다. 다만 호기심 많은 독자를 위해 책 끝에 정보와 지식의 '도움말'을 달았다.

철학 에세이이므로 어쩔 수 없이 인용문과 학자들의 이름이 나오지만, 그것을 개의치 않고 문장을 따라 읽을 것을 권한다. 신화를 활용하는 에세이에는 픽션의 요소가 있기 때문에 이야기처럼 읽어도 좋다. 일부 내용은 학술적인 글에서 논했던 것을 문학적 서술 안에 풀어 썼으므로 좀 더 유연하게 읽히리라 기대한다.

사족과 몽상 같은 서문이 길어서는 안 된다고 하면서도 여기까지 왔다. 그래도 내가 지금까지 썼던 책의 서문 가운데 가장 짧은 것 같다. 독자의 해량을 바란다.

2010년 1월
김용석

감사의 말

여기에 실린 글은 철학문화연구소에서 발간하는 계간지 〈철학과 현실〉에 2년 반 동안(2006년 가을호에서 2008년 겨울호까지) 연재한 '철학 노트'를 바탕으로 한다. 내용을 많이 수정하고 첨가했기 때문에 당시 글보다 원고량은 두 배쯤 되고 5장과 10장 같은 새로운 장들도 있다.

연재 당시 늦은 원고 마감 때문에 항상 애를 태웠고 당시 글을 활용하도록 협조해준 철학문화연구소의 탁은희 편집장과 그 글들을 '새 책'으로 만들기 위해 필자를 독려하며 기획과 편집에 수고를 아끼지 않은 푸른숲 출판사의 이진 씨에게 깊은 감사의 말을 전한다.

차례

사족과 몽상 4
감사의 말 9

1. 메두사의 시선 13
갈릴레오 | 자연의 법칙 | 아테나의 방패 | 아틀라스

2. 에로스와 철학의 화살 28
무서운 장난꾸러기 | 필로소피아 | 탈(脫)인간의 신화 | 철학은 인문학인가?

3. 아라크네와 기예의 철학 43
아테나의 분노 | 공작인의 암호 | 플라톤과 자연주의 미학 | 거미 여인의 후예

4. 헤라클레스와 육체의 반어법 57
'헤라의 영광'이란 이름으로 | 육체와 영혼 | 뇌과학의 관심 | 영혼 탐구는 유의미한가?

5. 크로노스와 서사 권력 75
크로노스는 무엇을 삼켰나? | 자연적 시간 | 서사적 시간 | '서사 권력'에의 의지

6. 피그말리온의 타자성 101
엉뚱한 의혹 | 진화의 종점 | 칸트의 물음 | 여명에 나는 부엉이

7. 슬픈 미노타우로스 115
혼돈 | 생명 | 미궁 | 미래

8. 아프로디테의 신호 131
'그녀'의 탄생 | 진화론적 추론: 섹스 앤 뷰티 | 세계의 근원 | 미소 없는 얼굴

9. 편재하는 나르키소스 147
마비된 나르키소스 | 호수 이야기 | 안티 나르키소스 | 윤리적 자기도취

10. 디오니소스와 포도주의 인식론 161
니체의 생각 | 베일과 포도주 | 문화적인 것들 | 심연의 유혹

11. 스핑크스와 인간의 초상 197
네 발의 인간 | 세 발의 인간 | 두 발의 인간 | 발 없는 인간

12. 사유 매체로서 변신 이야기 211
생각하는 사람 | 믿음의 세계 | 불변의 신화 | 수수께끼

도움말 229
인명 찾아보기 251

일러두기

이 책의 외래어 표기는 다음과 같은 기준에 따랐다.

1. 고대 그리스·라틴 문화의 인명과 지명은 원칙적으로 피에르 그리말(Pierre Grimal)이 편찬한 《그리스 로마 신화 사전*Dictionnaire de la Mythologie greque et romaine*》의 한글 번역본(백영숙·이성엽·이창실 공동 번역, 강대진 감수, 열린책들, 2003)을 따랐다.
2. 그리스어의 입실론(Y) 표기는 편의상 '이'로 했으며, 쌍자음을 굳이 발음대로 표기하지 않았다. 예를 들어, 'Dionysos'를 '디오뉘소스'가 아니라 '디오니소스'로, 'Odysseus'를 '오뒷세우스'가 아니라 '오디세우스'로 했다.
3. 신들의 명칭은 기본적으로 그리스어 표기를 사용했으나, 오비디우스의 《변신》을 직접 인용하거나 그 안에 나오는 이야기를 소개할 때는 로마 신화에 나오는 명칭을 사용했다. 예를 들어 '제우스'를 '유피테르'로, '아프로디테'를 '베누스'로 표기했다.
4. 일상용어로 관습화된 표현은 그대로 두었다. 예를 들어, '헬라스'가 아니라 '그리스'로 했다.
5. 근현대 서양 지명과 인명은 국립국어원의 '외래어 표기법'을 따랐다.

메두사의 시선

신화는 과학의 운명을 노래한다 – 무명씨

갈릴레오

"지구가 고정되어 있도록 하기 위해서 우주 전체가 움직여야 한다니, 그것보다 더 불합리한 일이 어디 있나? 차라리 도시와 주위 경관을 보기 위해 탑 꼭대기에 올라가서는, 고개를 사방으로 돌리기가 귀찮으니까 땅덩어리를 돌리라고 요구하는 편이 더 합리적이겠군."

갈릴레오 갈릴레이의 《프톨레마이오스와 코페르니쿠스, 두 가지 주요 우주 체계에 관한 대화》에서 코페르니쿠스의 입장을 대변하는 화자 살비아티의 익살스런 말이다. 《대화》의 과학적 의의가

지동설을 증명하고 지지했다는 데에 있음은 익히 알려져 있다. 반면 그것이 천체의 물리적 운동뿐만 아니라 물질적 변화에 대한 새로운 인식을 가져왔다는 사실은 잘 알려져 있지 않다.

당시 사람들은 지구에는 생성, 소멸, 변화의 현상이 있지만 다른 별들과 우주에는 그런 것이 없다고 믿었다. 전통적 우주론을 대변하는 화자 심플리치오는 말한다.

"지구에서는 풀, 나무, 동물들이 태어나고 죽는다. 비, 바람, 폭풍우, 태풍이 일어난다. 한마디로 지구의 생김새는 계속 바뀐다. 그러나 하늘의 물체에서는 이런 변화를 볼 수 없다. 천체는 늘 같은 위치에 있으며 생김새도 바뀌지 않는다. 사람들이 기억하기로는 어떤 새로운 것도 생기지 않았고, 어떤 오래된 것도 없어지지 않았다."

당시 사람들은 천동설을 믿더라도 항상 순환해서 제자리로 돌아오는 천체의 운동을 확인할 뿐이었지, 천체의 물질적 변화는 믿지 않았다. 육안으로 보아서는 전혀 변화가 없었기 때문이다.

하지만 갈릴레오는 천체들이 변화하고 생성하며 소멸할 수 있다는 사실을 믿지 않는 것은, 인간의 죽음에 대한 공포 및 영생에 대한 지독한 욕망과 연관 있다고 본다. 그는 불사영생하는 존재는 아예 우주의 구성원조차 될 수 없으리라는 것을 생각하지 못하는 사람들의 우매함을 비판한다. 살비아티의 입을 통해 육체뿐만 아니라 영혼도 죽을 수 있음을 암시한다. 전통적 영육분리설과 영혼 불멸설이 부정될 가능성을 내비치면서 인간의 '숭고한 자존심'에 상처를 입힌다.

20세기의 과학자 일리야 프리고진에 따르면, 아리스토텔레스로 대표되는 고전 과학은 불변의 진리를 추구함으로써 천국을 지상으로 데려왔다. 이에 반해, 현대 과학의 아버지인 갈릴레오는 "변화하고 부패하기 쉬운 자연을 우주의 경계까지 연장할 것을" 추구했다. 현대 과학의 여명기였던 갈릴레오의 시대에는 "만일 대홍수가 얼음의 바다만을 남겨놓았다면 또는 지구가 벽옥(碧玉)의 부패할 수 없는 단단함을 가졌다면 세상이 보다 고상한 장소가 될 것이라는 관념"이 있었다. 프리고진은 갈릴레오가 이런 관념의 터무니없음에 경악했다는 데 주목한다. 하여, 저 위엄 가득한 메타포로 갈릴레오에 대한 지지를 확인한다. "지구가 수정 구슬로 바뀐 뒤에 더욱 아름다워질 것이라고 생각하는 사람들은, 메두사의 눈초리에 의하여 다이아몬드의 조각상으로 변환될지어다!"

자연의 법칙

메두사의 눈초리는 이중적이다. 변화하는 것들 뒤에 숨어 있는 불변의 법칙을 붙잡아두는 과학의 시선이며, 그런 과업에 몰두하

메두사의 머리를 새겨 넣은 고대의 석벽.

는 과학자에게 '업보'로 돌아갈 시선이다. 프리고진은 고대로부터 현대에 이르기까지 자연현상에 대한 정량적인 기술(記述)의 유효성을 탐색하려는 물리학자들은 메두사의 눈으로 대상을 포착해왔다고 본 것이다. 과학자의 매섭고 엄밀한 시선으로 자연을 '법칙의 조형물'로 환원한다는 의미에서 그렇다. 수정 구슬 안에 명백한 자태로 갇혀 있는 법칙이라는 의미에서도 그렇다. 그 시선은 시간조차 얼어붙게 한다.

메두사의 시선은 오랫동안 과학자의 꿈이었다. 그렇기 때문에 뉴턴의 역학으로 대표되는 고전물리학에서는 시간과 무관한 법칙들이 강조되었던 것이다. 시계나 간단한 기계의 작동, 마찰 없는 진자의 운동 또는 행성의 끊임없는 주기운동같이 "일단 어떤 계(系)의 특별한 상태가 측정되면, 고전 과학의 가역적 법칙들이 이 계의 과거를 결정했던 것처럼 미래를 결정하게 된다." 다시 말해, 과거와 미래가 모두 법칙의 화석 안에 붙잡혀 있는 것이다. 과학자들이 변화하는 현상 뒤에 숨은 영원한 진리를 추구하는 것에 매우 열성적이었기 때문이다.

과학적 가설을 담은 메두사의 눈초리는 그것을 마주 볼 자연을 찾아 나선다. 자연은 눈을 감을 줄 모른다. 이론의 눈초리를 보며 자연의 일부는 단단한 '자연법칙의 조각상'이 된다. 과학 발전과 함께하는 자연법칙의 화석화, 그것이 과학의 매섭고 엄밀한 눈초리가 자연을 굳히면서 얻는 것이다.

과학적 패러다임은 메두사의 시선이 화석화한 법칙의 체계이다. 그러므로 과학에서는 단순하고 아름다운 법칙들이 메두사의 시선에 붙잡힌 조각상처럼 선호된다. 단순함과 아름다움, 이 두 가지는 과학에서 중요한 의미와 가치를 지닌다. 일반적으로 하나의 간결하고 아름다운 방정식으로 나타낸 이론은 복잡하고 수많은 가정이 포함된 여러 개의 방정식으로 구성된 이론보다 선호되기 때문이다. 오컴의 명제를 들먹이지 않더라도, 자연법칙이 궁극적으로 단순해야 한다는 것은 오랫동안 과학에서 전제되어왔다. 기실 메두사의 시선에 붙잡힌 자연은 항상 단순하지 않은가. 메두사의 시선, 그것은 과학 활동의 원천이다.

프리고진이 주로 공격하는 대상은 뉴턴을 시발로 하는 동역학이다. 그러나 프리고진의 이런 비판에서 그가 현대 과학의 아버지로 떠받드는 갈릴레오도 완전히 비켜갈 수는 없을 것이다. 관찰과 실험을 바탕으로 자연을 수학화하는 근대물리학의 전통을 수립한 것이 갈릴레오의 공헌이기 때문이다.

그런데 아마도 본격적인 수리물리학이 뉴턴과 함께 시작했다는 점에서 프리고진은 갈릴레오의 다른 점을 높이 산 것 같다. 그는 갈릴레오가 생성하고 성장하며 부패하는 자연을 우주의 차원에서까지 관찰하고 탐구했다는 데에 과학적 의의를 두는 입장이다. 이런 의미에서 갈릴레오의 업적은, 지상을 천국으로 가져가서 소립자의 수준에서부터 우주론적 모형들에 이르기까지 시간과 변화의 으뜸을 발견하고자 했던 프리고진의 탐구 계획에서 주요 참고 목록이었다.

프리고진은, 현대의 과학자들이 해야 할 일은 자연을 과학적으로 기술하는 데에 진화적 패턴을 삽입하는 것이라고 강조한다. "우리에게 필요한 것은 물리학에 대한 다원적 관점, 진화론적 관점, 생물학적 관점"이라고 주장한다. 즉 변화와 시간에 대한 인식이 현대 과학의 핵심이라는 것이다. 그래야만 메두사의 시선으로 석고화한 법칙에 만족하지 않을 수 있기 때문이다.

아테나의 방패

그렇다면 역학 체계를 중심으로 하는 물리학과 달리 다원적, 진화론적, 생물학적 관점이 과학 탐구의 주를 이루는 영역에서는 메두사의 시선으로 법칙의 석고화를 시도하고 있지 않다는 말인가? 여기서 프리고진의 인식적 한계가 드러난다. 이 영역에서도 석고 같고 수정 구슬 같은 명백한 법칙으로 '모든' 것을 설명하려는 메두사의 시선은 건재하기 때문이다. 그러한 예는 많지만, 대표 주자 격인 리처드 도킨스와 에드워드 윌슨을 거명하면 고개를 끄덕일 것이다. 그들이 메두사의 눈초리로 포착한 이론의 조각상은 단단하다.

도킨스는 생명에 관한 모든 것을 이성적으로 뿐만 아니라 감성적으로도 받아들일 수 있는 확장되고 발전된 "하나의 관점이 있음"을 확신하기 때문에 진화를 유전자의 관점에서 파악한다. 도킨스는 단호하다. "나는 다윈주의 세계관이 단지 우연히 진리가 된 이론이 아니라, 원칙적으로 우리 존재의 신비를 풀 수 있는 유일하게 알려진 이론이라고 설득하고 싶다. 우리는, 다윈주의가 단지 이 행성에서만이 아니라 우주 전체에서 생명체가 발견되는 곳이라면 어디서든 진리임을 입증할 수 있을 것이다."

에드워드 윌슨에게도 유전자와 그것의 적응 프로그램으로서 생물학은 인간 사회의 윤리 문제에 이르기까지 모든 것에 대한 궁극적인 해답의 가능성을 열어준다. "우리는 시상하부와 대뇌 변연계를 만드는 것이 무엇인지 묻지 않을 수 없다. 그것들은 자연선택을 통해 진화해왔다." 그에게 이 간단한 생물학적 명제는 인간 윤리를 철저하게 규명할 수 있는 과학적 근거를 제공한다.

사람들은 도킨스의 유전자 결정론과 윌슨의 환원주의를 물고 늘어진다. 그러나 그들이 서구 과학의 방법론에서 벗어난 것은 별로 없다. 오히려 매우 충실하다. '겉보기에' 그들 주장의 강약은 정도의 차이를 보여줄 뿐이다. 이는 어느 정도의 결정론적, 환원주의적 태도 없이는 과학을 탐구할 수 없다는 뜻이다.

우주론에 진화의 개념을 도입한 '빅뱅 모델'의 발전에 공헌한 입자물리학자 스티븐 와인버그는 과학적 탐구의 그러한 특성을 이렇게 표현한다. "중요한 것은 이론적 편견에서 해방되는 것이 아니라 올바른 편견을 갖는 것이다." 윌슨은 과학자들의 연구 태도를 환원주의 강박증이나 환원적 과대망상증이라고 비난하는 것에 대해 반론한다. "환원주의는 다른 방도로는 도저히 뚫고 들어갈 수 없는 복잡한 체계를 비집고 들어가기 위해 채용된 탐구 전략이다. 궁극적으로 과학자들을 흥분시키는 것은 복잡성이지 단순성이 아니다. 환원주의는 그 복잡성을 이해하는 유일한 방법이다. 환원주의 없이 복잡성을 추구하면 예술이 탄생하지만 환원주의로 무장하고 복잡성을 탐구하면 그것은 과학이 된다." 멋진 비유다.

하지만 잠깐, 영특한 윌슨이 슬쩍 감춘 것을 드러내보자. 과학자들을 흥분시키는 것은 복잡성일지라도 과학자들이 쾌재를 부르는 것은 단순성을 찾았을 때다. 물론 인간 사고의 단순한 결론은 단순한 사고의 결론이 아니지만 말이다.

결정론과 환원주의를 내세워 과학 이론을 비판하는 것은 별 의미가 없는 것일지 모른다. 그것은 과학 이론의 내용에 대한 비판보다는 과학자의 태도에 대한 비판으로 전환되기 쉽기 때문이다. 그런 비판보다는 과학의 속성에 대해, 그리고 그 속성이 특정 전문 분야의 이론 체계와 어떻게 구체적으로 관계하고 있는지에 대해 진지하게 대화를 나누는 편이 생산적이고 어쩌면 좀 더 도덕적이며 두루 도움이 되리라.

그렇다면 메두사의 시선 없는 과학적 탐구는 없는가. 프리고진이 활용한 메두사의 신화는 과학 비판에서 그럴듯한 메타포로 작동하지만, 이는 신화가 은유하는 아주 일부분만을 보여준 것이다. 이제 고르곤 자매들이 등장하는 고대의 신화로 돌아가보자. 페르세우스는 메두사의 머리를 가지러 갈 때, 몇몇 신들의 물건으로 무장하고 갔다. 헤르메스로부터는 날개 달린 신발을, 하데스로부터는 머리에 쓰면 모습이 보이지 않게 되는 투구를 받았다. 그리고 아테나 여신으로부터는 방패를 받았다. 투명 투구 때문에 메두사는 그 막강한 눈초리로도 헤르메스를 볼 수 없었고, 헤르메스는 방

메두사의 머리가 붙어 있는 아테나의 방패.

패의 반사를 이용해서 메두사의 불같은 시선과 마주하지 않고 그녀의 목을 자를 수 있었다. 그러고는 세르포스 섬으로 돌아오는 길에 에티오피아의 공주 안드로메데를 바다의 괴물에게서 구출했다.

흥미진진한 영웅의 이야기는 이렇게 계속되는데, 페르세우스의 신화에서 우리의 관심을 끄는 것은 그 종결에 있다. 페르세우스가 메두사의 머리를 어떻게 했느냐는 것이다. 그는 메두사의 머리를 아테나에게 바쳤으며, 아테나는 그것을 자신의 방패 한가운데에 통째로 붙였다. 바로 여기에 과학을 위한 흥미로운 메타포가 있다. 아테나는 지적 활동을 관장하는 여신이기 때문이다.

여신의 방패 한가운데에 지식의 모든 대상을 매섭게 노려보며 석상으로 바꾸어버리는 막강한 눈초리가 있는 것이다. 여신이 관장하는 일과 방패의 상징은 이렇게 의미적 합치를 이루게 된다. 신화가 전하는 은유에 따르면, 과학적 지식은 태생적으로 메두사의 시선과 함께할 수밖에 없다.

아틀라스

20세기 후반에 들어서면서 과학자들은 메두사의 시선으로 얻은 '진리'의 편협함을 극복하려 했다. 프리고진도 과학적 탐구에 통합적 인식이 필요함을 강조했다. 이른바 '두 문화'로 분리되어왔던 자연과학과 인문학이 동맹해야 하며, 물리학과 생물학, 동역학과 열역학이 연합해야 한다고 설파했다. 더 나아가 자연과학은 "예기치 않은 것에 대하여 개방되어 있어야(open to the unexpected) 할" 것을 강조했다. 그는 오늘날 과학자의 역할이 과학의 대단한 다양성 속에서 어떤 통합의 실마리를 발견하는 데에 있음을 강조하면서 "존재와 생성이 모순됨 없이 단 한 가지의 통찰력 속에 모두 포함될 수 있는 새로운 시대에 접어들고" 있다는 희망을 피력했다. 새로운 통합을 추구하는 시대가 온 것이다.

그러나 우리는 여기서 '새로운 통합'이 사실 과학의 역사에서 항상 있어왔던 과학의 본질적 성향의 확장된 표현임을 간파할 수 있다. 물리학자이자 역사학자인 제럴드 홀턴은 통합 과학에 대한 과학자들의 믿음을 '이오니아의 마법(Ionian Enchantment)'이라고 했다. 이 말 자체가 고대로부터 지금까지 과학적 탐구에는 통합의 욕구가 내재해왔음을 보여준다.

이오니아의 마법은 고대로부터 지금까지 계속 세련된 모습으로 과학 사상을 지배해왔다. 현대물리학의 초점은 자연의 모든 힘(약력, 강력, 전자기력, 중력)을 통합해보려는 시도로 모아졌다. 이론들을 합병하려는 시도는 과학을 '완벽한' 사상 체계로 만들어보겠다는 야망을 담고 있다. 그 마법은 다른 학문 분야로도 확장되었다. 그 기세가 자연과학을 넘어서 사회과학에 도달하고 더 나아가 인문학에도 영향을 끼치고 있다. "나는 이오니아의 마법에 걸렸다"고 자인하는 윌슨은 과학의 통합이라는 개념이 결코 근거 없는 것이 아님을 강조한다.

다윈의 《종의 기원》에는 유일한 그림이 있는데, 그것은 '생명의 큰 나무'이다. 수많은 가지를 가졌지만 서로 연계된 모습을 보이고 있는 이 생명의 나무는 다윈의 '자연선택에 의한 종의 기원' 이론이 통합적 거대 이론임을 잘 보여준다. 그것은 살아 있거나 사라진 모든 존재들을, 복잡하게 사방으로 뻗어나간 친족 계통을 통해 하나의 거대 체제로 통합하는 모든 시대에 걸친 모든 생물에 관한 이론이었다. '생명의 나무'가 한 그루일까, 아니면 여러 그루일까 하는 물음에는 이미 답이 주어져 있었던 것이다. 20세기에 들어 지구상의 모든 생물의 유전 정보가 표현되는 방식이 같다는 것을

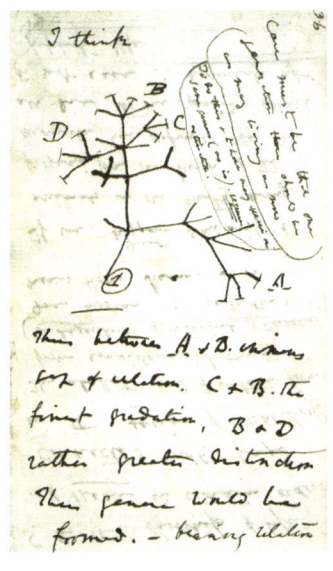 

1837년 다윈이 '종간 변이'를 주제로 한 연구 노트를 작성하면서 스케치한 '생명의 나무'. 여기서도 이미 사방으로 뻗어나간 줄기가 하나의 뿌리에 환원·통합되어 있음을 볼 수 있다(왼쪽). 현대물리학의 통일장 이론을 상징하는 이미지. 이 역시 단단히 결속되어 있는 통합성을 보여준다(오른쪽).

밝혀내면서, 많은 과학자들은 진정한 생명의 나무는 한 그루라고 더욱 믿게 되었다.

통합은 과학의 지형 도처에서 발견된다. 현대물리학의 통일장 이론도, 모든 지식을 연계 통합하려는 통섭(consilience)의 시도도, '메두사의 시선'의 폭을 확장한 것일 뿐이다. 진리를 '붙잡아 두려는' 욕망의 한계를 최대화한 것일 뿐이다. 과학의 탄생에서부터 진리의 빛을 향한 욕망은 메두사의 눈을 갖고자 하는 욕망과 일치한다. 메두사의 시선은 진리의 빛을 통합하고 고정한다.

천구를 어깨에 짊어지고 있는 아틀라스 대리석상,
나폴리 국립 고고학 박물관 소장, 2세기.

메두사의 시선에 의해, 거대한 세계라 할지라도 하나로 대통합되다는 것은 페르세우스의 신화에 의미심장한 은유로 묘사되어 있다. 메두사를 퇴치한 뒤 페르세우스는 그 머리를 갖고 온 세상을 돌아다니다 땅의 서쪽 끝에 이르렀다. 그곳은 아틀라스 왕이 다스리는 나라였는데, 황금 과일이 열리는 뜰이 있는 곳이었다. 페르세우스는 아틀라스에게 자신의 아버지가 제우스라는 것을 밝히고 하룻밤 유숙할 것을 청했다. 하지만 아틀라스는 언젠가 제우스의 아들이 황금 사과를 빼앗아 갈 것이라는 신탁을 되새기고는 불청

객을 쫓아내려 했다. 영리한 페르세우스는 이 거인의 힘 앞에서 자신은 도저히 상대가 될 수 없음을 아는지라 이렇게 빈정댔다. "그대가 우정을 그렇게 싸구려로 취급하신다면 선물이나 하나 드릴 수밖에……." 그러고는 제 얼굴을 돌리며 아틀라스의 얼굴 앞에 메두사의 머리를 쑥 내밀었다.

그러자 아틀라스의 거대한 몸은 이 세상을 구성하는 온갖 물질들로 굳어가기 시작했다. 수염과 머리카락은 숲이 되었고, 팔과 어깨는 절벽이, 머리는 산꼭대기가, 그리고 뼈는 바위들이 되었다. 몸의 각 부위는 거대한 산과 산맥이 되기까지 시시각각으로 불어났고, 마침내 뭇 별들을 거느린 천구가 그의 어깨 위에 내려앉았다. 우주가, 아니 온 세상이 바로 그곳에 굳어버린 것이다. 메두사의 시선 앞에서 '대통합'이 이루어진 것이다. 대통합은 '모든 것을 하나로'라는 단순함과 '모든 것이 함께 조화로운'이라는 아름다움에 더해, '전체'가 '여기 있다'는 장엄함을 가져온다. 이 장엄함에 대한 기대가 과학의 시선을 유혹하는 것이다.

이제 우리는 이렇게 묻게 된다. 신화의 메타포는 과학의 운명을 노래하는 것인가?

에로스와 철학의 화살

탐구하지 않는 삶은 살 가치가 없다 - 소크라테스

우리의 탐구 성과가 아무런 위로가 되지 않는다 해도
우리는 적어도 탐구 그 자체에서 어떤 위안을 느낀다 - 스티븐 와인버그

무서운 장난꾸러기

신화 속에서 에로스는 장난꾸러기로 자주 등장한다. 화가들이 그린 에로스는 주로 발가벗은 몸에 화살통만을 등에 메고 있다. 그래서 올림포스의 신들 가운데 유일하게 '작은 고추' 같은 남근을 드러낼 때가 많다. 때론 앙증스럽게 등에 난 은빛 날개가 장난기 가득한 동안(童顔)과 묘한 조화를 이루기도 한다. 하지만 그 작은 고추는 정말 매운 고추이고 그 미소 띤 귀여운 얼굴은 무시무시한 사건을 예고한다. 속된 말로 그에게 한번 찍히면 모든 게 끝장이기

때문이다. 그의 화살에 맞으면 신이건 영웅이건 요정이건 오로지 한 가지 일에만 혼신의 열정으로 몰두해야 한다. 그런 몰두는 때론 자기 파멸로 이어진다. 그 한 가지 일이란 바로 '사랑'이다. 그래서 에로스는 천진난만한 장난기 뒤에 '숨은 공포'를 지닌 존재다.

  에로스가 개입한 사건은 이루 다 셀 수 없을 정도이지만, 그가 누구보다 강력한 신이며 자신의 변덕과 분노로 누구에게든 치명적인 상처를 입힐 수 있다는 걸 보여준 경우는 아폴론과 다프네의 비극에서일 것이다. 아폴론의 실수는 꼬마 에로스를 우습게 보았다는 데에 있다. 델포이에서 거대한 뱀 피톤을 활로 쏘아 처치한 후 콧대가 잔뜩 높아진 아폴론은 활을 갖고 노는 에로스를 '장난꾸러기 꼬마'라고 무시했다. 그러고는 자기 같은 위대한 신이 쓰는 무기를 갖고 놀지 말고 "불장난이나 하며 놀아라"고 빈정댔다.

  에로스는 아폴론의 화살이 무엇이든 꿰뚫겠지만, 자신의 화살은 바로 그 강력한 신의 골수를 꿰뚫어 불장난을 지필 수 있다는 것을 보여주었다. 에로스의 잔혹한 분노가 지핀 불장난으로, 다프네를 향한 아폴론의 사랑은 가장 정열적이지만 결코 이루어질 수 없는 사랑의 전형이 되었다. 카라바조가 그린 〈승리의 에로스〉는 술에 취한 듯 반쯤 비틀거리는 자세로 한 손에 화살 한 뭉치를 움켜잡고는 악기, 악보, 갑옷 따위를 밟고 서 있다. 사랑의 힘을 주재하는 자신이 태양신 아폴론은 물론이고 이 세상의 그 누구보다도 강력하다고 자랑하는 듯하다.

아프로디테도 자신의 아들을 다소 두려워했으며 조심스럽게 대했다. 그랬음에도 어느 날 에로스의 화살통 주둥이로 삐죽 튀어 나와 있던 황금 화살촉에 스치는 바람에 못 말리는 사랑에 빠지고 말았다. 이 사랑의 여신에게 아도니스를 향한 사랑만큼 비극적이고 깊은 사랑의 상처를 남긴 것이 또 있겠는가. 한때 에로스는 프시케와 사랑에 빠졌었는데, 그것도 실수로 자신의 화살촉에 찔렸기 때문이다.

에로스의 활시위를 떠난 '사랑의 화살'은 결코 되돌릴 수 없다. 로마 신화의 작가 오비디우스도 베누스(아프로디테)의 입을 통해 쿠피도(에로스)의 막강한 힘을 묘사한다. "내 무기이자 내 팔이자 내 권세인 아들이여, 너는 모든 것을 정복하는 그 무기를 집어 들어 우주의 통치권을 삼분하는 저 플루토(하데스)의 가슴에다 네 날랜 화살을 쏘도록 해라. 너는 하늘의 신들과 그 신들의 우두머리인 유피테르(제우스)마저도 지배한다. 너는 바다의 신들은 물론이고 바다의 신들을 지배하는 신마저도 정복하고 지배한다."

이러한 막강함 때문에, 에로스는 꼬마의 모습이지만 '무서운 장난꾸러기'로 신화에 등장한다. 고대 그리스에서 로마에 이르기까지 그의 위상에 대해서는 다양한 설이 있다. 일설에 의하면 에로스는 태초의 혼돈으로부터 곧장 태어나 우라노스와 가이아의 결합

미켈란젤로 다 카라바조, 〈승리의 에로스〉, 베를린 국립 미술관 소장, 1601~1602년.

을 도왔다고도 한다. 혹은 그가 태초의 알을 깨고 태어났는데, 이 알의 반쪽은 대지를 나머지 반쪽은 하늘을 형성했다고도 한다.

이 신화들에서 공통점은 에로스를 세계의 근원적 힘으로 여겼다는 것이다. 인류의 연속성뿐만 아니라 우주의 내적 응집력을 보장하는 것도 에로스였다. 그래서 에로스의 이야기는 우주 생성론의 작가들, 시인들 그리고 철학자들에게 다양한 생각거리를 제공해왔다. 플라톤도 대화편 《향연》에서 만티네이아의 사제 디오티마에게서 들었다는 에로스의 신화를 소크라테스의 입을 빌려 전한다.

필로소피아

"에로스는 언제나 결핍 상태에 있어서 보통 사람들이 생각하는 것과 달리 부드러움이나 아름다움과는 거리가 멀다. […] 다른 한편 그는 용감하기 때문에 진취적이고 전력투구하는 빼어난 사냥꾼이다. 끊임없이 계략을 짜냄으로써 현명한 지혜를 얻고 새로운 수단을 개척해내며, 평생 지혜를 탐구하며 산다. […] 그는 불사적인 존재도 가사적인 존재도 아니다. […] 그는 지혜와 무지의 중간에 있다. […] 사실 지혜란 가장 아름다운 것 속에 있고, 에로스는 아름다운 것을 사랑하기 때문에 필연적으로 지혜를 사랑하는 자일 수밖에 없다. 지혜를 사랑하는 한 그는 지자와 무지한 자 사이의 중간자가 되는 셈이다."

이 문장들은 에로스의 신화를 빌려 '지혜를 사랑하는 행위'로서 철학(philosophia)과 '애지자'(philosophos)로서 철학자의 의미를 은유하는 것으로 잘 알려져 있다. 이는 우리가 일상에서 '상식적으로' 사랑이라는 말로 표현하지 않는 어떤 특별한 사랑 행위가 지니는 가치를 보여준다. 다시 말해, 플라톤이 필로소피아의 개념으로 강조하는 것은 '지를 끊임없이 사랑하고 탐구하는 것이 가치 있는 삶'이라는 것이다.

서구 철학의 역사에서 필로소피아를 지혜 자체인 소피아와 확연히 구분하게 된 것은 소크라테스와 플라톤의 영향 때문이다. 그것은 지자를 자처하는 소피스트의 출현과 이에 대한 비판의 과정에서 나온 산물이기도 하다. 하지만 필로소피아라는 말은 그 이전에도 사용되었으며 '끊임없이 탐구한다'는 뜻을 갖고 있었다. 애지자란 끊임없는 탐구로 세상의 사물과 인간의 삶에서 의미를 포착해 자기 자신 및 타자와 소통하려는 사람이라고 할 수 있다.

이렇게 말하면 애지의 학문과 애지자는 꽤 고상해 보인다. 그 고상함은 간혹 애지자들을 조롱하려는 의도로 드는 일화에서도 어느 정도 유지된다. 천체를 올려다보며 이 세상의 원리를 탐구하다 우물에 빠졌다는 탈레스의 이야기에서도, 그 행동의 기이함에도 불구하고 철학자의 탐구 정신은 존중받기 때문이다.

두 눈을 부릅뜨고 세이렌의 소리를 듣는 오디세우스는 '앎의 광기' 때문에 망아(忘我)에 이른 자 같다. 허버트 제임스 드레이퍼, 〈율리시스와 세이렌〉, 영국 페렌스 미술관 소장, 1909년.

하지만 좀 거친 비유를 하게 되면 애지자의 고상함보다 잔혹함이 더 잘 드러난다. 호기심과 탐구, 즉 뭔가 알고자 하는 욕구와 지를 추구하는 태도의 극단은 소크라테스와 플라톤보다 앞선 신화의 시대에서도 찾아볼 수 있다. 그 전형은 아마도(어쩌면 의외로) 오디세우스 이야기일 것이다.

트로이아 전쟁 후에 사랑하는 아내 페넬로페가 기다리는 고향으로 돌아가기 위해 오디세우스는 고난의 항해를 하는데, '집에 빨리 돌아가야 한다'는 의지에도 불구하고 호기심과 탐구의 욕구를 버리지 못한다. 이는 그의 행동 곳곳에서 발견할 수 있다. 그 극단적인 예가 세이렌의 에피소드이다. 키르케로부터 세이렌의 가공할 힘을 경고받았음에도 불구하고 동료 선원들에게는 밀랍으로 만든 귀마개를 사용하게 했지만 자신은 귀를 막지 않고 돛대에 몸을 묶고는 세이렌의 비밀을 직접 경험해서 알고자 하지 않았던가.

사실 필로소피아의 특성은, 앞에서 살펴본 '무서운 장난꾸러기' 에로스의 본성과 그 본성의 발현이 불러일으키는 사랑의 효과를 그대로 닮았다. 애지자는 에로스의 화살에 맞은 것처럼 지를 사랑하는 일에 혼신의 열정으로 몰두한다. 그런 몰두는 때론 자기 파멸로 이어질 수 있다. 한편 그 사랑은 다프네를 향한 아폴론의 열정처럼 불같이 뜨겁지만 결코 이루어질 수 없다. 필로소피아는 애지의 과정일 뿐이기 때문이다. 그렇다고 오만한 아폴론처럼 결실 없어 보이는 이런 애지의 행위를 우습게보면 큰 코 다친다. 애지의 철학은 즉각적 결실은 없어도 오랜 역사 속에서 인류의 삶을 근본적으로 바꾸는 힘을 보여주었기 때문이다. 필로소피아는 바로 과학적 탐구의 모체이다.

필로소피아와 에로스 사이의 이 모든 유사점 가운데서 그 어느 것보다 중요한 것은 에로스의 활시위를 떠난 '사랑의 화살'이 비가역적이듯이 애지의 과정 역시 되돌릴 수 없다는 사실이다. 인류 역사에서 '철학의 화살'은 이미 활시위를 떠났다. 필로소피아로서 철학의 유산에 지혜의 보고(寶庫)라는 것 이상으로 수인(囚人)의 표지가 있다고 할지라도 되돌릴 수는 없다. 성찰적으로 되돌아볼 수 있을 뿐이다. 여기에 오늘날 필로소피아의 '비상식적인' 의미를 되짚어보는 의의가 있다.

사람과 사람 사이의 사랑이라면 그것이 극단적일지라도 상식적인 것이다. 또한 누구나 공감하고 경험할 수 있다. 하지만 이런 극단의 사랑이 애지의 행위라면 상식적이지 않다. 바로 여기에 필로소피아의 특별함이 있다. 이 특별함은 그것이 '탈(脫)인간적 행위'가 될 수 있다는 전망까지 보여준다. 필로소피아는 신화 속 '무서운 장난꾸러기' 에로스의 정기(精氣)를 지의 세계에 도입함으로써 인류에게 위협이 될 수도 있는 문명의 역사를 쓰기 시작한 것이다.

탈(脫)인간의 신화

필로소피아는 유난히 사유의 역동성 그 자체를 중요시한다. 끊임없는 지적 욕구는 또한 '모든 것', 즉 전체를 아우르고자 하는 욕망으로 이어진다. 이는 철학에서 '전체로서의 세계'에 대한 의식이 발달하는 것과 연관 있다. 하지만 이런 지속적이고 범위 확장적인 경향은 '애지의 광기'에 이를 위험을 내포하고 있으며, 사유 주체를 극단화할 가능성 또한 열어놓는다. 필로소피아의 이런 특성은 고대 자연철학에 내재해 있었고 고대 철학을 집대성한 플라톤과 아리스토텔레스를 거쳐 근대 과학-기술 발달의 저변에까지 이어진다.

키케로는 소크라테스가 철학을 하늘에서 땅으로 끌어내렸다고 평했다. 이 말은 물론 고대 자연철학자들이 세계의 원리를 탐구하던 것에서 소크라테스를 기점으로 인간 세상에 대한 성찰, 특히 윤리의 탐구로 철학의 관심이 이동했다는 것을 뜻한다. 다른 한편 소크라테스에게 지를 사랑하는 것과 사람을 사랑하는 일은 하나라는 것을 함의하기도 한다. 플라톤의 대화편들에 등장하는 소크라테스는 "사람을 사랑하는 일, 즉 인간애(philanthropia)"라는 말을 한다. 자신의 각별한 인간애로 인해 자신이 말해줄 수 있는 것이라면 모든 사람에게 헤프게 말해준다고 비난받지 않을까 걱정하는 '척'도 한다.

그러나 《향연》의 대화자들이 제시하는 에로스에 대한 해석들이 결국 신화적 차원에 머무는 데 반해, 소크라테스는 디오티마가 들려준 신화를 가장하더라도 에로스의 '지식적 해석'을 시도한다는 점에서 매우 다르다. 소크라테스의 경우도(플라톤이 기록한 것이지만) '애-인'에 견줘 '애-지'가 더 부각됨을 부인하기 힘들다.

서구 사상에서는 고대로부터 현대에 이르기까지 철학을 어떻게 정의하든, 그 본질은 필로소피아의 개념에서 벗어나지 못한다. 물론 넓은 의미의 철학은 균형 있는 삶의 지혜를 포함한다. 하지만 에로스의 사랑처럼 지를 끊임없이 사랑할 때 필로소피아의 에너지 집중은 고조에 달한다. 그러므로 '애-인'의 필요성을 망각할 가능성은 상존한다.

더구나 필로소피아가 잉태하여 탄생시킨 탐구 체계인 과학은 지속적으로 '애-지'의 출력을 유지하고자 한다. 현대 과학이 인간의 삶과 연관한 윤리 논쟁에서 과학의 가치중립성을 고수하는 것도 '애-지'를 방어하기 위한 전략이며, 나아가 과학자들에게는 그것이 거의 존재론적 의미를 획득하기까지 한다. 중립적 존재이어야만 과학은 외부로부터 방해받지 않고 존재할 수 있는 자유를 누리기 때문이다. 이 자유가 인간 정신의 생산력을 보장하리라는 의식은 '애-지'의 탐구에 몰두하는 모든 사람에게 잠재적인 듯하다. 소크라테스가 그나마 '애-인'의 중요성을 상기하곤 했던 것은, 어쩌면 인간이 정신적으로(결국은 물질적으로도) 엄청난 생산력을 지닌 존재라는 것을 의식했기 때문인지도 모른다.

어쨌든 애지의 생산력은 인간 스스로의 한계를 넘을 가능성을 내재하고 있다. 그러므로 인간은 인간적인 만큼 탈(脫)인간적이다. 고대의 애지자들이 쓴 대화와 이야기에는 탈인간적 의미의 패턴들이 담겨 있다. 오늘날의 애지자인 과학자들에게 먼 조상이 쓴 필로소피아의 문헌들은 '탈인간의 신화'이다.

필로소피아의 정신적 유산은 이렇게 오늘날 과학-기술 행위에 유전자처럼 스며들어 있다. 철학이 쓴 탈인간의 신화를 과학-기술이 실현하고 있는 것이다. 예를 들면, 애지의 탈인간성은 오늘날 과학-기술 분야의 중요 논점인 '특이점(Singularity)' 이론과 무관하지 않다. 아니, 매우 밀접하다. 급속한 과학-기술의 발달로 머지않아 인간의 생물학적 진화와 기계적 진화는 공진화(共進化)를 넘어서 후자가 전자를 추월하게 되는 시점에 이를지 모른다. 이런 진화의 패턴뿐만 아니라 과학-기술에 의한 삶의 변화 속도가 너무 빨라서 인류 역사의 천이 팽팽하게 늘어나 찢어지는 지점에 이르게 되는데, 이 지점을 특이점이라고 부른다.

이를 주장하는 레이 커즈와일의 말을 빌리면, 이 시점에서 "당신은 다른 사람이 될 수도 있다." 이것은 사실 '당신은 다른 존재가 될 수도 있다'는 말의 '인간적 수사(修辭)'이다. 이런 특이점 전망도 필로소피아의 탈인간적 속성의 연장선상에 있다. 오늘날 영향력 있는 모든 학문이 이미 오래전에 에로스의 화살만큼이나 강력한 '철학의 화살'을 맞았기 때문이다.

철학은 인문학인가?

오늘 우리나라에서 철학은 인문학의 한 분야이다(물론 이 경우 철학은 필로소피아의 전통을 직접 물려받은 학문만을 의미하지는 않지만). 이는 인문학을 대표하는 학문으로 이른바 문학·역사·철학을 드는 것을 보아도 알 수 있다.

그러나 서구 학문의 역사를 보면, 학제에 따라 차이는 있지만 필로소피아로서 철학은 인문학(Humanities)으로 분류되지 않는 경우가 많았다. 로마 시대에 키케로가 명명한 후마니타스(Humanitas)에도 필로소피아로서의 철학 그 자체는 속하지 않았고, 서구 문예부흥기의 인문학(Studia Humanitatis) 범주에도 철학은 필로소피아의 이름으로는 빠져 있었다. 그리스인들에게 교육, 교양, 문화 등의 의미를 지닌 '파이데이아(paideia)'를 로마인들은 후마니타스라고 불렀다. 말 그대로 '인간다움'을 내포하는 후마니타스는 교육과 교양의 차원에서도 애지(philosophia)보다는 애-인 또는 박애(philanthropia)의 정신을 물려받았다.

지금 이 글에서 필로소피아의 학문적 정체를 거론하는 것은, 이런 역사적 학문 분류와 학제 형성의 과정 때문만은 아니다. 필로소피아로서의 철학은 학제적인 차원에 앞서 그 본질에 있어서 인문학이 아니라는 의혹이 있기 때문이다. 다시 말해, 철학은 인간이 하는 학문이지만 인간을 위한 학문만은 아니라는 입장이 있기 때문이다.

이런 의미에서 고대로부터 필로소피아의 탈인간적 속성은 우려할 만한 것이기도 하지만 '굉장한' 것이기도 하다. 자기 자신만을 위해서 자기 손 안에 항상 모든 것을 쥐고자 하는 아이는 아이일 뿐이다. 그러나 철학이 인간에 의한 학문이지만 인간 아닌 존재를 위한 사랑으로 표출되어 예기치 못한 결과를 가져올 가능성을 전제하는 일은 굉장한 것이다. 그것은 인간 존재의 획기적 성장을 의미할지도 모른다. 철학이 탈인간적 특이점을 맞을 가능성은 과학-기술의 발전에서처럼 가시적이지 않지만 철학 안에 내재해 있다.

그러므로 오늘 철학자에게 필요한 것은 철학의 인문학적 속성을 지나치게 강조하여 철학의 이해에 그림자를 드리우는 게 아니라, 철학의 정체를 진지하게 밝히는 일이다. 그것이 인간만을 위한 학문이 아니라는 것을 들켜서 비난받을지라도 말이다. 그 과업의 노정에는 철학이 철학 자신에게 줄기차게 묻는 일과 함께, 필로소피아의 후예로서 오늘날 가장 애지적 특성을 보이는 과학과의 변증적 관계를 유지하는 일이 빠질 수 없을 것이다.

아도르노는 철학과 과학의 재결합을 우려했다. 철학과 과학의 결합은 잠재적으로 언어의 폐기로 귀결되고 이로써 또한 철학 자체의 폐기에 이를 수 있다고 보았기 때문이다. 철학은 물론 언어적 노력 없이 생존할 수 없다. 그러나 철학과 과학의 재회는 냉혹한 수식(數式)으로만 무장해 있을 것 같은 과학의 언어를 다양하게 할 수 있음도 잊어서는 안 된다. 과학은 철학을 폐기할 수 없다. 자신을 스스로 거세하는 고통을 감수해야 하기 때문이다.

아라크네와 기예의 철학

기술 분야의 선구자들은 오로지 재미를 위해 돈을 쓰고, 생명을 빼앗길 수도 있는 위험을 감수했다 - 프리먼 다이슨

아테나의 분노

아테나 여신은 아라크네를 들어 올리며 이렇게 말했다. "목숨은 보존하되 늘 이렇게 매달려 있어라. 이 못된 것아!" 이 말 끝에 여신은 헤카테의 액즙을 끼얹었다. 그것이 묻자마자 아라크네의 머리에서는 머리칼이 빠지고 코와 귀가 없어졌다. 머리가 줄어들고 몸도 작아졌다. 갸름하던 손가락들은 다리를 대신해서 양 옆구리에 매달렸다. 몸의 나머지 부분은 모두 배가 되었다. 아라크네는 꽁무니로 실을 내어놓기 시작했다. 그녀는 예나 지금이나 실을 내어 공중에 걸고 베를 짜며 산다.

감히 아테나와 베 짜기 시합을 한 아라크네는 여신의 저주를 받아 거미로 변신했다. 그렇게 변했어도 아라크네는 자기가 하던 일을 계속하며 산다. 어떻게 변신했든 자신이 하는 일이 자기의 정체성이다. 도구를 만들든 베를 짜든 뭔가 '만드는' 행위는 인간에게서 떼어놓을 수 없다.

그런데 이 '만드는' 행위가 문제를 일으킨다. 인간의 생산물은 인간 자신에게도 큰 문젯거리다. 그래서 많은 사람들이 지금까지 아라크네의 신화를 생산 및 그것을 가능하게 하는 모든 기술(특히 과학-기술)에 대한 경고와 인간의 한계를 일깨우는 교훈으로 삼는다. 기술이 곧 선(善)이 아니라는 경고가 이 신화에 잘 드러나 있다고 한다. 생산과 창조의 기쁨을 신에 대한 우월성으로 착각한 인간의 어리석음을 상징한다고도 한다. 자신의 기술에 대한 과신과 오만이 아라크네의 잘못된 판단에 깔려 있음을 보여준다고도 한다. 이런 입장은 곧 첨단 과학-기술에 대한 비판과 인간의 한계에 대한 성찰을 촉구하기에 이른다.

더 나아가 이런 경각심은 기술과 도구를 이용하여 생산하고 창조하는 인간에 대한 혐오와 공포에까지 이른다. 그래서 어떤 사람은 기술 공포증을 신화적 차원으로 피드백하기까지 한다. 대장장이 신 헤파이스토스는 올림포스 열두 신들 가운데 유일하게 불구이고 인간 최고의 장인(匠人) 다이달로스는 성격이 음흉하고 고약

디에고 벨라스케스, 〈아라크네의 신화〉, 스페인 프라도 미술관 소장, 1657년경.

하다고 한다. 이는 기술과 생산에는 원초적 결함이 있다는 차별 의식을 반영하는 것이다.

오늘날 과학과 테크놀로지에 연관해서 '의식 있는 사람'들이 보이는 지배적인 태도는 의혹과 불신일 것이다. 이러한 거리 두기 현상이 나타나는 근본 이유는 과학-기술을 동원한 인간의 엄청난 생산력 때문이다. 생산력의 발전과 그에 동반하는 부작용은 제어 가능성을 넘어선 듯한 인상을 주며, 기술 자체에는 발전의 한계가 노정되어 있지 않다는 사실이 미래에 대한 불안을 가중시킨다.

그렇다면 아테나 여신은 어떤가. 아테나는 학문과 예술을 관장할 뿐만 아니라, 장인들을 보호하고 그들에 매우 관대했다. 여신은 자신의 신전 한 귀퉁이를 다이달로스에게 빌려주며, 자신이 인간을 위해 올리브 나무를 주었듯이 인간을 위해 요긴한 것들을 만들어주라고 당부했다. 또한 다이달로스가 시기심 때문에 발명의 재주가 뛰어난 조카 탈로스를 아크로폴리스에서 밀어 떨어뜨렸을 때도, 소년의 솜씨를 총애한 아테나 여신이 그를 구해 자고새로 변신토록 했다. 그런데 이런 아테나가 아라크네에 대해 왜 그렇게 분노했을까? 물론 감히 신에게 도전했기 때문이라고 답하겠지만 그것은 너무 단순하다. 더구나 그를 거미로 만들어버렸다는 것의 의미는 무엇인가?

공작인의 암호

신화에서 경고와 교훈 이상의 것을 얻기 위해서는 신화를 치밀하게 읽으며 다양한 의미를 탐구하는 일이 필요하다. 아라크네는 직조와 자수의 재능이 신기(神技)에 가까웠다. 그녀가 짠 융단은 어찌나 아름다웠던지 주변 숲의 요정들이 보러 올 정도였다. 이 뛰어난 재주로 그녀는 실 잣는 여인들과 수놓는 여인들의 수호신인 아테나의 제자라는 평판을 얻었다. 하지만 아라크네는 자기 재능은 자신의 것이지 여신에게서 받은 것이 아니라고 주장했다. 아라크네는 아테나에게 도전했고, 여신의 경고에도 불구하고 결국 여신과 인간의 시합은 시작되었다. 여기서 중요한 것은 시합 광경이다. 이를 잘 볼 필요가 있다. 오비디우스가 세세히 묘사해놓은 것을 요약해보자.

둘의 겨루기가 시작되었다. 둘은 지체 없이 서로 다른 곳에 자리 잡고 서더니, 두 대의 베틀 위에다 고운 날실을 펼쳐 걸었다. 둘은 모두 뾰족한 북을 써서 날랜 손놀림으로 씨실을 날실 사이로 밀어 넣었고, 씨실이 날실들 사이를 통과하면 요란한 바디의 이빨들이 그것을 쳐서 제자리에 가게 했다. 둘 모두 옷을 가슴께에 동여매고는 숙련된 솜씨로 손을 움직였고 열중한 나머지 힘든 줄도 몰랐다.

아테나는 올림포스의 열두 신들을 위엄에 찬 모습으로 융단에 짜 넣었다. 그 가운데에 투구와 예리한 창 그리고 방패를 든 아테나 자신의 모습도 그려 넣었다. 그리고 아라크네에게 경고하기 위해, 신에게 도전했던 인간들의 비참한 최후를 네 귀퉁이에 짜 넣었다. 끝으로 여신은 올리브 나무 가지로 가장자리를 둘렀으니, 자신을 상징하는 나무로 작품을 마무리한 것이다.

한편 아라크네는 제우스가 변한 황소의 모습에 속아 그 등에 타고 바다를 건너는 에우로페를 짜 넣었다. 누구든 그것이 진짜 황소이고 진짜 바다의 파도라고 하리라. 에우로페는 떠나온 육지를 돌아다보며 동무들을 부르고, 튀어 오르는 파도에 발끝이 닿을까 겁이 나서 진짜 두 발을 오므리고 있었다. 아라크네는 이어서 백조로 변해 레다에게 접근하는 제우스, 아이올로스의 딸을 범하는 포세이돈 등 신들의 애정 행각을 융단에 짜 넣었다. 그녀의 융단은 완벽했다. 그러고는 천의 가장자리를 따라 좁은 테두리에는 담쟁이 덩굴과 자연스레 한데 얽힌 꽃들을 채워 넣었다. 그녀의 작품은 질투의 여신들도 흠잡을 데가 없었다.

겨루기 상대의 솜씨와 작품에 격분한 금발의 여신은 신들의 비행을 낱낱이 드러낸 이 융단을 찢어버렸다. 그러고는 회양목 북을 집어 들어 아라크네의 이마를 내리쳤다. 가련한 여인은 그제야 여신에게서 용서받을 수 없는 죄를 지은 줄 알고는 용감하게도 들보에 목을 매었다.

이 이야기에는 세 가지 중요한 요소가 있다. 기술, 예술, 그리고 실재(實在)성이 그것이다. 첫째, 기술에 있어서 여신과 처녀는 막상막하의 경쟁을 벌인다. 날쌘 손놀림과 숙련된 솜씨로 대표되는 기술은 베 짜기의 기본이다.

그런데 둘째, 예술의 차원에 이르면 여신의 평범함에 견줘 아라크네의 비범함이 번득인다. 아테나는 국가 홍보물을 제작하듯이 위엄 가득한 열두 신을 묘사했다. 이에 한술 더 떠 열정적으로 자기선전을 했다. 그러고는 경쟁자를 공개적으로 폄하하고 경고하는 상징들을 융단의 네 귀퉁이에 집어넣었다. 하지만 아라크네는 가장 예술적일 수 있는 소재를 선택했다. 그것은 바로 섹슈얼리티의 메타포, 즉 성의 은유였다. 고대인들도 외설과 예술 사이에는 은유라는 여과 막이 있다는 것을 잘 알고 있었다. 은유 없는 성은 외설이지만, 은유의 망사를 입은 성은 예술이라는 것 말이다. 아라크네는 마지막까지도 농밀한 은유의 끈을 놓지 않았다. 담쟁이덩굴과 꽃이 한데 엉킨 그림을 짜 넣지 않았던가.

셋째, 실재성이라는 것은 사실성이라고 해도 좋고 현실이라고 해도 좋다. 어쨌거나 리얼(real)한 세상을 펼쳐놓는 일이기 때문이다. 아테나의 융단에 관해 실재인지 아닌지를 따지는 일은 별 의미가 없다. 신들의 존재에 대해서 신이 묘사한 것인데 무슨 시비를 걸겠는가. 그러나 아라크네의 경우는 전혀 다르다. 그녀는 이야기를 사실로 만들어버렸기 때문이다. 신들의 스캔들은 다 아는 것이지만 구설의 수준에서 그러할 뿐이었다. 그런데 아라크네는 그것을 '진짜 이야기'로 만들어버린 것이다. 진짜 황소이고 진짜 파도이며 진짜 발을 오므리는 여인이 바로 거기에 있다. 그들은 실재하는 것이다. 꽃들도 담쟁이와 자연스럽게 어울려 있다. 이들 역시 자연처럼 실재한다.

이 세 가지 차원을 합한다면 아테나 여신은 무자비하게 패배한 것이다. 이 시합은 좋음에 있어서도, 아름다움에 있어서도, 참됨에 있어서도 여신이 우월할 수 없다는 것을 보여준다. 더 나아가 이 세 가지가 융합되면 나름의 세계가 탄생한다. '새 세상'이 창조되는 것이다. 이 세계에 여신의 자리는 없다. 그는 이 세계와 어떤 유의미한 관계도 맺을 수 없다. 그러므로 자신의 권위와 힘이 아직 건재할 때 그 세계를 파괴할 수밖에 없다. 여신은 융단을 찢어버린다. 모든 기술자들을 보호하고 사랑한 아테나도 기술, 예술, 실재성이 통합된 완벽한 창조를 인간에게 허용할 수는 없었던 것이다.

플라톤은 실재성을 얻기 위해서 기술과 예술의 가치를 포기했다. 진정으로 실재하는 것으로서 이데아를 발견함으로써, '실재의 원리'로 이 세상을 조명하고 삶의 실천 계획을 세우는 과정에서 기술과 예술을 배제하거나 그것에 낮은 가치를 부여했다(이런 점에서 플라톤에 대한 물리학자 칼 세이건의 비판은 일리 있다. 그는 피타고라스의 영향을 받은 플라톤이 과학을 낳는 원천으로서 최고도의 객관성 원리를 제공한 반면, 기술과 실험을 소홀히 하여 과학의 발전을 저해했다고 주장했기 때문이다).

반면 아라크네는 창조 행위의 성과가 실재이기 위해서 기술과 예술의 요소를 적극 활용했다. 즉 기예(技藝)로서 실재를 제작했던 것이다. 플라톤에게 호모 파베르의 개념은 그리 중요하지 않거나 폄하된다. 하지만 아라크네에게서는 새로운 차원으로 발전한다. 제작자나 공작인(工作人)에 머무는 게 아니라, '현실 제작자' 또는 '실재의 공작인'이 되는 일이기 때문이다. 플라톤이 실재와 현존 사이에 막을 쳤다면, 아라크네는 허구와 실재 사이의 막을 치운 것이다. 아라크네 코드, 즉 공작인의 암호를 푸는 열쇠는 여기에 있다.

플라톤과 자연주의 미학

이제 아테나의 분노로 돌아가보자. 아테나가 분노한 진짜 이유는 인간의 손재주로 만든 아름다움이 진짜 같았기 때문이다. 아니, 그것이 진짜 존재하게 되었기 때문이다. 기(技)-예(藝)-실(實)이 함께 완벽한 세계를 이루었기 때문이다. 여기서 지고(至高)의 아름다움은 작품을 초월하지 않고 작품에 내재한다. 그럼으로써 작품 그 자체가 자신을 초월한다. 새로운 현실이 되는 것이다.

그러나 기존의 신들에게 기예와 실재성의 융합은 신(神)의 영역이다. 아니면 적어도 신의 현현 그 자체인 자연의 영역이다. 이제 아테나는 뛰어난 아라크네를 기예와 실재성이 함께할 수 있는 자연으로 보내야 한다. 다만 그곳에서는 자연의 법칙을 이용하는 게 아니라 그것에 따르기만 하는 존재여야 한다. 아라크네는 거미의

거미로 변하고 있는 아라크네의 모습을 인상적으로 표현했다. 귀스타브 도레, 〈아라크네〉(단테의 《신곡》 중 '지옥편' 삽화 중에서), 1861년.

탈을 쓰고 자연으로 유배된 것이다. 이제 다시 인간의 기예는 플라톤적으로 자연의 변형된 모방일 수밖에 없게 된 것이다.

플라톤주의는 자연주의 미학을 강화한다. 사실 기예에 대한 플라톤의 철학적 입장은 항상 '자연에 있는 것'과 '인공으로 만든 것' 사이의 차이에 기초한다. 이는 다시 말해 일차적으로 창조된 것과 이차적으로 창조할 것 사이의 차이라고 할 수 있다. 그러므로 자연주의 미학이 자연과 예술의 관계를 논하는 방식은, 플라톤이 이데아와 이 세상 사이의 관계를 논하는 방식을 답습한다.

자연주의 미학의 관점에서 보면, 자연은 상상 가능한 모든 미의 출발점이며 최종적인 참조 목록이다. 인공의 작업과 결과인 예술은 자연의 특수한 경우에 해당한다. 그러므로 아름다움은 결코 창조되는 것이 아니라 발견되는 것이다. 로제 카이유와가 주장하듯이 "인간은 오로지 자연에서만 미의 기준을 끌어낸다. 자연은 미의 유일한 등록부이며, 명백히 드러난 영감이거나 은밀한 영감의 근원, 총체적인 내용, 은밀한 기준, 은밀히 존재하는 유일한 참조 목록표이다." 그러므로 예술은 항상 "인간이 일부러 또는 고의적으로 만들어 이 세계에 추가한 아름다움"일 뿐이다. 모방자는 완벽하지 않다. 자연의 필연적인 무오류성(無誤謬性)을 확보하지 못한 모방 주체의 모든 부가적 행위에는 위험이 따르게 된다. "예술이 시작되면, 예술의 계산과 도박도 시작된다."

그런데 예술과 기술을 합해 자연과 같은 실재를 창조하려는 시도는 얼마나 큰 도박이겠는가. 거미로 변해 자연에 유배 중인 아라크네에게 이런 도박은 무의미하지만, 신기(神技)를 지닌 처녀 아라크네를 닮고 싶어 하는 인간들에게 자연주의 미학은 기예적 도박에 대한 지속적인 경고이다.

한편 "피할 수 없는 신비에 의해 자연 안에 있는 모든 것은 당연히 아름답다"고 하는 자연주의 미학은 거미로 변한 아라크네에게 다소나마 위안이 되기도 한다. "박쥐, 거미, 문어, 뱀 같은 동물들은 추하거나 혐오스럽게 보이지만, 실은 추한 게 아니다." 이들이 추하게 보이는 것은 그들의 모습 때문이 아니라, 이들을 공포의 대상으로 삼아온 미신이나 신화의 영향 때문이다. 이런 변명이, 탁월하지만 고독한 기예의 표현자에게 얼마나 위안이 될지 모르겠지만 말이다.

거미 여인의 후예

아리스토텔레스는 신성(神性)을 경험하는 방법은 신을 흉내 내는 것이라고 했다. 물론 무엇을 흉내 낼지 여기에도 제한이 있다. 그는 인간의 활동을 행위함, 제작함 그리고 사유함의 세 가지로 나누고, 관조와 사유의 활동에서 신을 흉내 내는 것이야말로 행복의 관점으로 보아 바람직하다고 했다. 아리스토텔레스는 인간의 제작 활동을 중요하게 다루었지만 그것으로 신성을 경험할 가능성에 대해서는 언급하지 않았다. 신성의 모방을 논하면서도 신기(神技)에 대해서는 말을 아꼈다. 그 역시 실재성의 창조에서 신과 겨룰 수 있는 인간의 기예와 그 결코 행복하지 않을 결말에 대한 경계가 있었으리라.

게오르그 짐멜은 '문화의 비극'이라는 개념을 사용했다. 인간이라는 창조자와 그 피조물의 조화가 깨질 가능성이 문화의 변증적 구조에 근원적으로 내재한다고 보았기 때문이다. 기술 혐오증 내지는 공포증을 떠나서도, 공작인으로서 인간은 비극적일 가능성을 지니고 있는 듯하다. 아테나도 아라크네의 죽음을 허락하지 않

과학-기술을 이용해 예술 작품을 창조하는 예를 보여주는 컴퓨터 아트(왼쪽). 실재와도 같은 가상 세계를 만들어 전투 연습을 하는 군인들의 모습(오른쪽).

아 그녀를 비극적으로 만들었다. 들보에 목을 맨 아라크네를 들어 올리며 "네가 누구 마음대로 목숨을 끊으려 하느냐? 이 벌은 그냥 벌이 아니라 겁벌(劫罰)이어서 끝이 없을 것인즉 네 일족, 네 후손들까지 이 벌을 받아야 할 것이다"라고 선언했으니까 말이다. 비극은 '하고 싶어도 할 수 없을 때' 탄생한다.

하지만 21세기 내내 인간은 '아라크네의 후예'를 자처할 것 같다. 21세기 내내 인간은 과학-기술-예술의 융합을 시도할 것이기 때문이다. 그럼으로써 실재를 공작하는 존재가 되려고 할 것이다. 이것은 거미를 아라크네로 되돌리는 일이다. 이는 인간이 인공적으로 자연법칙을 활용해서, 기(技)-예(藝)-실(實)이 융합된 세계를 창조하려고 끊임없이 시도할 것임을 의미한다. 이는 공작인 스스로 '비극을 수용'하는 일이다. 문화의 비극이 아니라, 비극의 문화가 되는 일이다. 비극을 내재함으로써 그 자체가 비극을 감내하는 일이다. 아름다운 고통…… 그런 과제일지 모른다.

기존의 예술철학이나 기술철학이 아닌 '기예의 철학'은 이 과제의 고통을 음미해야 할 것이다. 일찍이 몽테뉴가 그랬던가. "다른 곳을 사유하자"라고. 철학이 지식의 습득만이 아니라 '아는 자의 방황'일 때 의미가 있음을 역설한 푸코의 말도 상기해두자. 몽상가의 철학이라고 조롱받더라도 어떻게 다르게 생각할 수 있고 그것이 어디까지 가능한지 어리석은 시도를 해보자. 언제 철학이 몽상 없이 존재한 적이 있었던가.

헤라클레스와 육체의 반어법

오늘날 뇌과학과 인공지능 분야의 논문들은
묵은 질문을 새로운 형태로 제기한다 – 브루스 매즐리시

'아이'들은 신화를 읽기 전에도 헤라클레스 이야기를 알고 있다. 고대 신화에 나오는 영웅 가운데 헤라클레스만큼 대중적 캐릭터도 없을 것이다. 아이들은 각자 자신에게 영웅의 모습을 입힌다. 그러고는 놀이를 한다. 어떤 상대도 거꾸러트리고 무슨 과업이든 이룩해내는 영웅을 꿈꾼다.

사자의 입을 찢고, 황소의 뿔을 뽑고, 바위를 들어 옮겨 거대한 기둥을 세우며, 온갖 괴물들을 퇴치하고, 거인들과 싸워 승리하는 헤라클레스는 아이의 꿈에 빠져서는 안 될 육체적 힘의 상징이다. 또한 헤라클레스가 경험하게 되는 리디아 여왕 옴팔레와의 관계,

아마조네스 여왕 히폴리테와의 만남, 테스피오스 왕의 마흔아홉 공주들과의 동침 등은 남성적 힘의 상징이다. 이렇게 헤라클레스의 이야기는 신화가 세속화하는 과정에서 첨병 역할을 한다.

조각 같은 근육질 몸, 상상을 초월하는 완력, 성적 환상을 불러일으키는 정력은 '몸의 문화'가 중요해진 현대 사회에서 더욱 육체의 이상형이 된다. 그런데 흥미진진한 헤라클레스의 신화는 여기에 머물고 말 것인가? 그렇지 않다. 신화가 품고 있는 의미의 풍요는 이를 넘어서는 사유를 불러일으킨다.

'헤라의 영광'이란 이름으로

열두 가지 과업으로 대표되는 헤라클레스 신화를 화려하게 장식하는 완력의 역사(役事) 이면에는 다양한 반어법이 깔려 있다. 헤라클레스, 곧 '헤라의 영광'이라는 이름 자체가 우선 반어법적이다. 헤라 여신이야말로 제우스와 알크메네 사이에서 태어난 아들의 존재를 어떻게 해서든 부정하려 했기 때문이다. 제우스는 질투하는 헤라를 달래기 위해 아들의 이름을 그렇게 지었다.

그러나 무엇보다도 지혜의 여신 아테나가 헤라클레스의 수호신이라는 것은, 헤라클레스가 과업을 수행할 때 몸이 아니라 머리를 써야 한다는 것을 의미한다. 근육질에 엄청난 힘을 자랑하는 영웅

생각하며 고민하는 헤라클레스와 완력의 상징인 근육질 몸의 헤라클레스가 대조적이다. 파올로 데 마테이스, 〈헤라클레스의 선택〉, 영국 애슈몰린 미술관 소장, 1712년(위). 곤봉과 사자 가죽, 황금 사과를 들고 있는 헤라클레스 금동상, 로마 바티칸 박물관의 피오-클레멘티노 미술관 소장(아래).

메두사의 시선 >> 헤라클레스와 육체의 반어법

의 역정은 상당 부분 '육체의 반어법'으로 서술되어 있다.

팔라스 아테나는 이 영웅이 태어날 때부터 그를 보호한다. 후에 '헤라클레스의 평원'이라고 불리게 되는 벌판에 아기가 버려졌다는 것을 처음으로 안 여신도 아테나였다. 헤라클레스와 함께하는 상징물은 사자 가죽과 올리브 나무로 된 몽둥이다. 올리브는 아테나 여신의 나무가 아닌가. 헤라 여신이 벌을 내려 '발광한 헤라클레스'가 처자식을 죽이고 테바이 백성들을 살해할 때도, 아테나 여신이 '깨달음의 돌'을 그의 가슴에 던져 사태를 수습했다.

영웅은 '헤라의 영광'이라는 이름으로 불리지만, 아테나의 비호 아래 과업을 수행한다. 그러므로 어려운 과업 앞에서 '생각'을 하고 불, 바위, 강물 같은 자연물을 적절히 이용할 줄 아는 지혜를 발휘한다.

머리 아홉 달린 거대한 물뱀 히드라를 상대할 때는 조카 이올라오스에게 자신이 뱀의 머리를 벨 때마다 불방망이로 벤 자리를 지져버리라고 해 잘린 머리에서 다시 두 개의 머리가 생겨나는 것을 막았다. 불과 히드라(물)가 상극이라는 것을 알아차렸던 것이다. 엘리스 왕 아우게이아스의 외양간을 청소할 때는 수십 년 쌓인 오물을 그곳 사람들이 상상도 못 할 방법을 써서 하루 만에 치워버렸다. 아테나 여신으로부터 영감을 받은 헤라클레스는 외양간 벽을 허물고 알페이오스 강과 페네이오스 강을 외양간에 끌어들였다.

두 강줄기가 합쳐졌으니 강물은 순식간에 거대한 외양간의 오물을 쓸고 지나갔다. 스팀팔로스의 새들을 처치할 때는 새들이 숲 속에서 나오지 않아 상대할 수가 없었다. 새들을 유도해낼 수 있게 해달라고 아테나에게 부탁하니, 여신은 화급하게 헤파이스토스에게 가서 커다란 캐스터네츠 비슷한 악기를 만들어 갖다 주었다. 요란한 악기 소리에 새들이 일제히 늪 위로 날자, 헤라클레스는 히드라의 독이 묻은 화살로 새들을 쏘아 떨어트렸다.

헤스페리데스 세 자매가 지키는 황금 나무에서 사과를 따오는 과업을 수행할 때도 헤라클레스가 지혜로운 영웅이라는 은유는 곳곳에 담겨 있다. 헤스페리데스의 동산으로 가는 길을 알아내기 위해서 해신 네레우스를 닦달하는 헤라클레스의 노력에는 '진실을 알기 위해 지혜로운 자를 물고 늘어진다'는 철학적 모티프가 담겨 있다. 네레우스는 프로메테우스에게 물어보라고 한다. 헤라클레스는 우선 인간에게 불과 지혜를 가져다준 죄로 영겁의 고통을 받고 있던 프로메테우스를 풀어준다. 그러자 프로메테우스는 사과를 직접 따려 하지 말고 아틀라스를 이용하라고 귀띔한다. 헤라클레스는 꾀를 내어 아틀라스를 속이고 사과를 가져온다.

헤라클레스에게 몸보다 머리가 중요하다는 것은, 그가 종종 술에 취해 제정신이 아닌 상태에서 일을 그르치는 것을 보아도 알 수 있다. 이는 젖은 영혼은 길을 잃지만 "마른 영혼은 가장 지혜롭고 가장 뛰어나다"는 철학자 헤라클레이토스의 경구를 상기시킨다.

육체와 영혼

육체와 영혼의 이분법과 육체에 대한 영혼의 우월적 위상은 철학에서 발생한 것이 아니라 이미 신화의 시대에 퍼져 있었다. 헤라클레스의 이야기가 육체의 반어법으로 서술되는 것도 그와 같은 맥락에 있다. 헤라클레스가 지상의 삶을 마감하는 순간에 반어법적 서술은 그 절정에 이르러 직설법으로 바뀐다.

헤라클레스는 열두 가지 과업을 마친 후, 칼리돈의 공주 데이아네이라와 결혼했다. 어느 날 그들은 트라키스를 향해 여행하던 중 에우에노스 강을 건너게 되었다. 강가에서는 전에 헤라클레스에게 혼이 난 적이 있는 켄타우로스 넷소스가 사람들을 업어 강을 건네주고 있었다. 헤라클레스 자신은 강을 헤엄쳐 건너면서 아내는 넷소스에게 맡겼다. 그런데 데이아네이라를 건네주던 넷소스가 갑자기 그녀를 업고 달아나려 했다. 헤라클레스는 그에게 화살을 쏘았다. 넷소스는 죽어가면서 데이아네이라에게 비밀을 하나 일러주었다. 자신의 피를 조금 받아두었다가 남편의 사랑이 식을 때 옷에 묻혀서 남편에게 입히면 사랑을 다시 얻게 되리라고 했다.

얼마 후 헤라클레스가 에우리토스와의 전쟁에서 이기고 그의 딸 이올레와 함께 귀환하던 중 제우스에게 제사를 지내려고 사람을 보내 예복을 가져오게 했다. 데이아네이라는 질투심에 넷소스의 피를 묻힌 옷을 남편에게 보냈다. 헤라클레스가 옷을 입자 옷은 몸에 붙어 떨어지지 않았다. 옷을 찢자 살이 함께 뜯겨 나와 그는 산 채로 살가죽이 벗겨지는 고통을 받았다. 이 지점에서 신화의 메타포는 의미심장하다. 육신을 버릴 때가 온 것이다.

살가죽이 벗겨진 채로 헤라클레스는 트라키스 인근 오이타 산에 올라가 산꼭대기에 장작더미를 쌓아올린 후 그 위에 누웠다. 장작이 타는 동안 불꽃은 헤라클레스가 인간인 어머니에게서 받은 육체를 모두 태워버렸다. 하지만 그의 신성한 영혼은 조금도 다치지 않고 새롭게 태어났다. 아테나는 헤르메스를 마부 삼고 아폴론과 아르테미스 남매를 호위 삼아 천마가 끄는 사두마차를 타고 와 헤라클레스의 영혼을 수습해 갔다. 헤라클레스는 마침내 육체를 버리고 불멸의 영혼을 얻게 된 것이다.

고대 신화에서 현대 인문학과 사회과학에 이르기까지—그것을 어떤 언어로 표현하고 어떤 속성을 갖는 것으로 인식하든—영혼에 대한 관심은 지속적이었다. 영혼은 육체에 비해 뭔가 특별한 의미와 가치를 지닌 것으로 인식되어왔다. 호메로스나 이오니아 자연철학자들에게 영혼은 물질적 속성을 지닌 것이라고 할지라도 육체와는 뭔가 다른 영묘한 것으로 인식되었다.

플라톤은 이러한 인식의 전통에서 영혼의 비물질성을 강화했을 뿐만 아니라—이 점이 중요하다—영혼이 육체로부터 '창발적(emergent)으로 진화'할 가능성조차도 부정하는 길을 찾았다. 창발성이란 새로운 성질의 출현을 강조하는 개념이다. 이 개념은 진화의 차원에서도 진화의 각 단계가 이미 있던 여러 요인들의 단순한 총화로 형성되는 것이 아니라, 그들의 합에서 새로운 성질이 출현한다는 것을 강조한다. 그러므로 생물학적 진화의 차원에서 생물체의 각 부분에는 물리·화학 법칙이 적용될 수 있으나, 부분들의 총화는 고차원의 질적 발전을 이루기 때문에 이에는 전혀 다른 새로운 법칙이 적용되어야 한다. 그러나 여기서 주의할 게 있다. 창발성 이론에 따르면, 어떤 시점에서 육체와 영혼은 그 연속성이 파기될 수 있지만 그렇다고 육체로부터 기원하는 영혼을 부정하지는 않는다.

그런데 플라톤처럼 창발성조차도 부정하면 영혼과 육체는 그 기원이 서로 전혀 다른 것이 된다. 곧 영혼은 육체와 전혀 다른 세계로부터 와서 육체에 자리 잡았다가 육체가 소멸하면 육체를 떠난다고 인식할 수밖에 없다.

뇌과학의 관심

 영혼의 비물질성과 영혼과 육체의 근원적 분리는 플라톤이 이데아 이론을 전개하기 위해 했던 정지 작업 같은 것이다. 이데아 이론의 기초를 세운 대화편《파이돈》에서 플라톤은 영혼이 육체로부터 '창발(創發)'될 수 있다는 가능성조차 부정하고 이것을 다각적으로 논증하고자 한다. 플라톤은 육체와 영혼의 관계를 창발적 과정으로 볼 수 있는—당시로서는—강한 논리를 제시하고 그것을 반박한다. 소크라테스의 제자 심미아스의 입을 통해 말한 강한 논리란 '악기 리라와 조화음'의 은유이다.

 "조율된 조화란, 볼 수 없고 물질적이지 않으며 아주 아름다운 어떤 것이며 조율된 리라에 있어서 신적인 것이지만, 리라 자체와 현들은 물체들이며 물질적인 성질의 것들이지요. 따라서 누군가가 리라를 부수거나 현들을 자르고 툭 끊을 경우에 리라와 현들은 사멸하는 성질의 것, 즉 존재할 아무런 방도가 없지만 또한 신적이며 사멸하지 않는 성질을 지닌 것 같아 보이는 조율된 조화도 함께 소멸해버리지 않겠습니까?"

 이에 대해 플라톤은 소크라테스의 입을 통해 영혼 본유의 상기(想起) 능력과 영혼의 능동적 자율성(따라가지 않고 이끄는)을 근거로 근원적인 영육 분리설을 설파한다. 그는 영혼은 육체에서 나오지 않고, 다른 차원으로부터 와서 육체를 이끈다고 주장한다. 본유의 상기 능력이란, 영혼이 속세의 경험 없이도 뭔가 아는 것이 있다는 사실을 근거로 그 앎은 실재하는 '다른 세계'에서 보고 익힌 것을 기억한 결과라는 상기론에서 나온 것이다. 그러므로 영혼은 수동적으로 속세의 법칙을 따르는 것이 아니라, 오히려 자기가 알아서 능동적으로 속세의 삶을 이끌 수 있는 자율성을 갖고 있다는 것이다.

플라톤의 논지는 더 복합적이지만, 결론적으로 말하면 아무리 물질이 조화를 이루더라도 그곳에서 영혼이 창발할 수는 없다는 주장이다. 그는 물질이 조화를 이루면 다른 세계에서 온 영혼이 그곳에 자리 잡을 수 있다는 추론이 오히려 가능하다고 본다. 육체와 영혼의 관계에서도 조화를 이룬 육체에서 영혼이 창발하는 게 아니라, 조화를 이룬 육체에 영혼이 일단 '자리 잡는다'고 할 수 있다. 따라서 이는 물질세계와 다른 차원에서 온 영혼을 물질적으로 탐구할 수 없음을 의미한다. 이것을 오늘날 언어로 좀 더 구체적으로 표현하면, 뇌에서 일어나는 일은 영혼의 전부가 아니며 그것은 물리·화학 법칙으로 해명될 수 있는 게 아니라는 뜻이 된다. 이것은 칼 구스타프 융의 말을 상기시킨다. "영혼을 두뇌에 한정시키면, 다시 말해 영혼의 시간적·공간적 범위를 두뇌로 제한하면 지금까지 우리가 믿어왔던 모든 것은 의미를 상실할 수밖에 없다."

그러나 오늘날 뇌과학자들은 "우리가 생각하고 느끼는 모든 것이 결국에는 전기 및 화학 신호의 연쇄적 교차 현상으로 환원될 수 있다"는 '믿음'으로 인간의 머릿속에서 일어나는 일들을 탐구한다. 그들은—뇌 속에서 일어나고 있는 일들이 마음이든 정신이든 영혼이든—그 안에서 벌어지는 역동적인 뉴런의 활동은 궁극적으로 세포나 분자 수준의 알고리듬으로 환원될 수 있다는 기대를 갖고 있다. 뇌과학과 철학의 연계를 추구해오고 있는 패트리샤 처칠랜드는 "신경과학의 발견들은 의심할 여지없이 철학에서 사랑받아왔던, 정통의 주인이 가진 모든 인식을 바꿔놓을 것이다"라고 단언한 바 있다. 신경학자 로돌포 이나스가 "뇌 활동은 다른 모든 것을 위한 메타포이다"라는 입장을 견지하는 것은, 뇌과학의 성과가 인류의 사상사에 면면히 담겨 있는 영혼의 은유들도 밝혀내리라는 것을 암시한다.

역사학자 브루스 매즐리시가 "오늘날 뇌과학과 인공지능 분야의 논문들은 묵은 질문을 새로운 형태로 제기한다"고 말한 데에는 타당한 이유가 있다. 뇌과학은 영혼을 부정하는 게 아니라, 영혼을 물리적으로 환원해서 이해하려고 한다. 이제 뇌과학과 철학의 접점에서 우리가 찾아야 할 것은 뇌 활동을 통한 영혼의 탐구가 어떻게 의미 있는 작업이 될 수 있는가 하는 점일 것이다.

영혼 탐구는 유의미한가?

심리 현상에서 물질 환원주의에 반대했던 융은 "존재를 물질에만 국한하는 것은 어리석기 짝이 없는 자기 편견"이라고 했다. "사실 존재의 형태로서 당장 떠오르는 것은 물질이 아니라 영혼이다. 이와는 반대로 물질적 존재는 결과적으로 드러난 현상에 불과하다고 말하는 편이 더 합당하다. 지금까지 물질에 대해서 알고 있는 것들은 감각기관을 통해서 투영된 영혼의 이미지에 불과하다."

뇌를 물리적으로 탐구하는 이나스도 외부 세계는 투영된 이미지라고 주장한다. 그러나 이나스는 융과 다른 시각에서 투영된 이미지의 물리적 성격을 놓치려 하지 않는다. "외부 세계는 투영된 이미지다. 당신이 그곳에 투영하는 것이다. 그것은 그곳에서 일어나는 게 아니라 당신 머릿속에서 일어난다. 사실 그것은 일종의 꿈이다. 우리는 보고, 인식하고, 능동적으로 꿈을 꾸어야 한다. 그것이야말로 우리가 이 거대한 우주를 수용해 아주 작은 머릿속에 집어넣을 수 있는 유일한 방법이기 때문이다. 우리가 그것을 끌어안고, 이미지를 만들고, 이를 바탕으로 그것을 밖으로 투영하는 것이다."

외부 세계가 뇌 활동에 의해 투영된 것이라면, 자연은 뇌 속의 자연이 된다. 그러므로 물리 법칙으로 뇌를 탐구하는 것은 결국 뇌 활동의 원리와 법칙으로 뇌를 들여다보는 것과 같다. 이 순환 논리

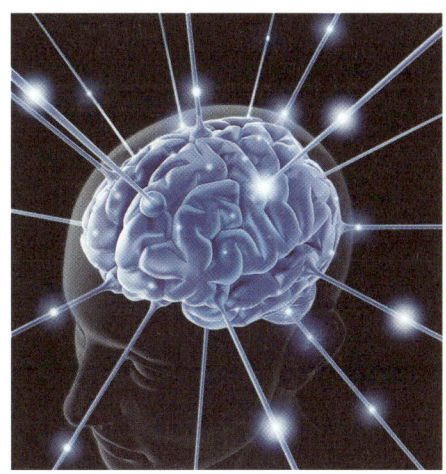

뇌과학의 연구 성과는 인간에게 수많은 철학적 질문을 던질 것이다.

는 오히려 영혼에 대한 영혼의 탐구 또는 뇌의 뇌 탐구를 정당화한다. 처칠랜드가 말하듯이 "그것은 바로 뇌가 뇌를 탐구하는 것이다. 즉 뇌가 이론화할 때에 자신이 무엇을 하는지 이론화하며, 뇌가 무엇을 발견할 때에 자신이 무엇을 발견하는지 밝혀주는, 그리고 지식에 의해 영원히 변화되고 있는, 바로 그 뇌를 탐구하는 것이다."

생의학자 셔윈 널랜드는 뇌와 인간의 본성에 대한 탐구 끝에, "인간의 사고는 인간 사고의 신비를 충분히 풀 수 있다"는 결론에 이르러, "근대 신경과학이 도래하기 훨씬 이전에 아리스토텔레스는 이미 이 사실을 알고 있었다"는 것을 발견한다. 아리스토텔레스는 《형이상학》에서 "신성한 사고는 스스로 생각하는 것이며(사고 그 자체가 가장 훌륭한 것이므로), 그 사고는 사고에 대한 사고이다"라고 주장했기 때문이다. 그러므로 고전적 의미에서 영혼에 대한 영혼의 탐구, 과학적 의미에서 뇌에 대한 뇌의 탐구는 의미 있는 일이 된다. 구체적으로는 다음과 같은 몇 가지 철학적·과학적 과제에 깨달음의 빛을 던질 수 있기 때문이다.

첫째는 의식의 자율성에 관한 문제이다. 이는 유전자 결정론자라고 비판받는(또는 오해되는) 리처드 도킨스 같은 학자에게도 중요한 문제이다. 이기적 존재인 유전자는 선견 능력이 없다. 그들은 의식을 갖지 않는 맹목적인 자기 복제자이기 때문이다. 그러나 인간에게는 '의식적인 선견 능력'이라는 독자적 특성이 있다. 도킨스는 이것이 바로 뇌의 활동 때문이라고 본다.

여기서 중요한 것은 뇌의 활동은 이기적 유전자에 거역할 수 있다는 점이다. 이에 유전자 결정론은 깨진다. "의식에 의해 제기되는 철학적 문제가 무엇이든 의식이란 실행상의 결정권을 갖는 생존 기계가 궁극적 주인인 유전자로부터 해방된다고 하는 진화 경향의 극치라고 생각할 수가 있다. 뇌는 생존 기계의 일을 매일 관리할 뿐만 아니라 미래를 예언하고 그것에 따라 행위하는 능력도 있다. 또 뇌는 유전자의 독재에 반항하는 힘까지 갖추고 있다." 도킨스는 이것을 인간의 가장 중요한 특성이라고 보는 것 같다. 그러므로 인간은 인간을 낳아준 이기적 유전자에 반항하거나 더 필요하다면 문화적 자기 복제자인 밈(meme)에게도 반항할 능력이 있다고 본다. "우리는 유전자 기계로서 조립되어 밈 기계로서 교화되어 있다. 그러나 우리에게는 이들의 창조자에게 대항할 힘이 있다. 이 지구에서는 우리 인간만이 유일하게 이기적인 자기 복제자들의 전제에 반항할 수 있다."

의식은 한 개인을 특별하게, 또 다른 사람과 구별되게 만들어주는 것이다. 그러므로 수전 그린필드가 말하듯이 "이 일인칭의 개인적 세계는 과학이 해명해야 할 최후 최대의 비밀 가운데 하나이다." 그런데 의식을 탐구하는 데는 창발적 관점이 필수이다. "의식과 뇌 기능의 문제에서는 전체가 부분들의 총합 이상임이 분명"해 보이기 때문이다. 그러므로 뇌과학자들은 뇌에서 무의식 상태와는 다른 '통합된 의식' 또는 '의식의 통일장(unified field of consciousness)'을 포착하는 방법을 찾고 있다.

둘째는 영혼 탐구와 자연의 이해(또는 더 잘 이해된 자연을 외부로 투영하는 일) 사이의 관계이다. 여기서도 아리스토텔레스의 선견지명은 돋보인다. 그는 "영혼(프쉬케)에 관한 지식은 모든 진리, 특히 자연을 이해하는 데 크게 기여할 것"이라고 주장했다. 왜냐하면 그것은 "생물들의 제일원리이기 때문"이다.

뇌과학과 그 연관 학문에서는 물리·화학 법칙으로 전통적 추상 개념들, 즉 정신, 마음, 영혼 등을 해명하려고 탐구한다. 오늘날 과학의 세계에 '신의 자리'는 없어졌을지 모르지만, 영혼의 자리는 있는 것 같다. 하지만 뇌과학자들도 암암리에 인정하듯이 이들에 대해 과학적으로 밝혀내는 것 이상으로 이들에 대한 궁금증과 미해결 과제는 더 늘어날지 모른다. 그러나 역설적이겠지만 마음과 영혼의 비밀을 밝혀내고자 하는 과정에서 우리가 자연을 더욱 잘 이해하게 되리라는 것은 분명해 보인다. 이나스식으로 말한다면, 뇌는 더 잘 이해된 자연과 그 법칙들을 외부로 투영할 것이다.

셋째는, '영혼과 육체의 재회'에 관한 것이다. 이것 역시 의식 탐구의 과정에서 나온 과제인데, 의식은 몸의 운동과 밀접하기 때문이다. 식물은 뇌가 없다. 움직이지 않기 때문이다. 우렁쉥이는 유생 때에만 뇌를 갖고 있다. 돌아다니기 때문이다. 그러나 다 자라면 한곳에 들러붙어 바닷물 속에 있는 미립자를 먹이로 걸러 먹으며 살아간다. 따라서 더 필요가 없는 뇌는 퇴화한다. 이런 관찰을 통해, 우리는 의식을 만들어낼 능력이 있는 구조는 그것의 발달을 가능하게 한 디딤돌인 운동성과 관계 맺고 있음을 알 수 있다. 이것은 컴퓨터가 의식을 가질 수 있는가 하는 물음에도 답을 준다. 컴퓨터가 의식이 있기 위해서는 움직이고 뭔가 조작할 줄 알아야 한다. 즉 로봇이어야 한다.

이런 통찰은 이 글의 실마리가 된 헤라클레스의 신화를 되돌아 보게 한다. 그의 엄청난 운동성은 그의 영혼이 지닌 힘과 능력에 연동되어 있음을 신화는 은유하고 있는지 모르기 때문이다. 그러므로 육체의 반어법은 영혼의 직설법이었는지 모른다. 플라톤식으로 말하면 혼이 '저세상'에서 온 것이라고 할지라도 '이 세상'에서 활동하려면 몸과 협동해야 한다. 창발적 진화론의 관점에서 보면 뇌는 몸에 대해 '기댐'과 '끌어안음'의 관계에 있다고 할 수 있다. 생명체로서 뇌는 몸에 의존적이지만 몸 전체를 '공존의 상황'으로 끌어안아 유지시키고 있다고 볼 수 있다. 즉 온전한 자아는 몸과 혼의 일체로서 가능하다.

그린필드는 인공지능과 호모 사이버네티쿠스를 연구하다가 아주 당연한 이치를 새삼 깨달았다. "인간 두뇌의 위대한 능력은 사실을 저장하는 데 있지 않고 생각을 해내는 데 있다"는 것 말이다. '생각하기'의 관점에서 보면, 영혼은 '철학 매체'이다. 즉 생각의 미디어다. 그것을 '통해' 인간은 수많은 생각을 하고, 변화무쌍한 상상을 하며, 일상에서 윤리적 기획과 조정을 한다. 철학은 영혼에 '대해' 논하는 게 아니라, 영혼을 '통해' 수많은 철학적 논리를 전개한다. 마치 과학이 뇌의 탐구를 '통해' 뇌를 완전히 이해하지는 못하더라도 물리적 법칙을 새롭게 터득해가는 것처럼…….

이제 영혼과 뇌의 세계가 설명할 수 없는 것들의 미로가 아니라, 생명과 우주 그리고 우리 자아에 대한 문제의식을 유지하게 하는 성찰의 매체라는 것을 다시금 되새긴다. 영혼은 사색과 탐구의 '미디어'다.

크로노스와 서사 권력

시간은 모든 일이 한꺼번에 발생하는 사태를 막아주는 것이다
– 존 아치볼드 휠러

가이아는 맨 먼저 자신과 대등한, 별 많은 우라노스를 낳아 자신의 주위를 완전히 감싸도록 했다. 〔…〕 가이아와 우라노스 사이에서 무서운 아이들이 태어났다. 우라노스는 그들이 태어나는 족족 모조리 가이아의 깊은 곳에 감추었다. 〔…〕 거대한 가이아가 괴로워 속으로 신음하다가 음모를 꾸몄으니, 〔…〕 막내 크로노스는 어머니의 뜻을 따라, 우라노스가 밤을 끌어올리며 다가와서 가이아 위에 자신을 펼칠 때 몰래 숨어 있다가 아버지를 거세했다. 〔…〕 크로노스는 누이 레아를 아내로 맞았는데, 아이들이 어머니의 신성한 자궁에서 그녀의 무릎에 이르는 족족 집어삼켰다. 그는 눈먼

파수를 보는 것이 아니라 지켜보고 있다가 자기 자식들을 집어삼켰다. 자손들 가운데 자기 말고는 어느 누구도 불사신들 사이에서 왕의 명예를 누리지 못하게 하기 위함이었다. 그는 자신이 비록 강력하지만 제 자식에게 제압될 운명이라는 것을 가이아와 우라노스에게서 들어 알고 있었기 때문이다.

헤시오도스는 태초의 신화를 이렇게 전하고 있다.

크로노스는 무엇을 삼켰나?

신화를 읽은 우리는 크로노스(Kronos)가 무엇을 삼켰는지 안다. 문제는 그 집어삼킴 또는 먹어치움의 의미에 있다. 의미의 차원에서 크로노스가 삼켜버린 것은 무엇인가?

철학자 리처드 커니는 "크로노스는 자식들을 먹어치웠다. 달리 말해 크로노스는 세대교체를 거부했다"는 신화적 사실을 확인한다. 그런데 커니는 이 사실을 전적으로 '시간'과 연관하여 해석한다. 그는 신화의 여러 전승에서 그리스 신화의 크로노스가 로마 신화의 사투르누스로 이어지면서 '시간의 신'으로 묘사되어왔다는 데 주목한다. "그는 파괴하고 창조하는 신이다. 파괴자로서의 사투르누스는 머리에서부터 검은 망토를 쓴 늙은이, 혹은 손에 긴 자루가 달린 낫이나 12궁도를 쥔 자, 때때로 자신의 자식들을 게걸스럽게 먹어치우는 자 등 여러 가지 모습으로 나타난다." 커니는 사투르누스의 이런 사악한 측면이 원초적으로 시간을 상징하는 크로노스로부터 나온 것이라고 주장한다.

커니는 크로노스(Kronos)가 '시간'을 뜻하는 그리스어(chronos)와 융합되었다는 것을 '크로노스의 먹어치움'을 이해하는 데 핵심적인 요소로 본다. 그러므로 "크로노스를 '시간'과 동일시하는 것은 음성상의 일치(Kronos-chronos) 그 이상"이다. 사신(死神)으로서의 시간이 휘두르는 낫은 유한한 존재들에게 공포를 불러온다. "살육자로서의 시간은 모든 분리 중의 분리, 곧 죽음"을 의미하기 때문이다. 여기서 커니는 시간의 죽임(to kill) 행위를 강조한다. 이는 그의 의도가 '자연스럽게' 죽는(to die) 것에 방점을 찍지 않음을 뜻한다. 여기에는 죽음의 주체가 죽이는 행위자 '시간 영감'이지, 죽어가는 생명체가 아니라는 철학적 의미의 차이가 잠재되어 있다. 커니에게 크로노스의 삼중 행위, 즉 '게걸스럽게 먹어치움', '대체', '거세'는 시간의 기본적 양상들을 나타낸다.

그러나 커니는 "자신의 자식을 스스로에게 되돌려 시간을 역전시킴으로써 영원을 누리려고 했던 크로노스의 노력이 허무한 것임"을 강조한다. "크로노스가 행했던 가공할 자기 흡수(self-absorption) 행위는 시간의 필연적인 흐름으로 인해 처벌받기" 때문이다. 크로노스도 아들 제우스에 의해 왕좌에서 쫓겨난다. 다시

조르조 바사리 & 게라르디 크리스토파노, 〈크로노스에 의해 거세당하는 우라노스〉, 피렌체 베키오 궁전 소장, 1560년.

말해 "크로노스는 자신이 파괴한 만큼 파괴당했다. 크로노스는 거세하는 '거세된 자'이자 파괴된 파괴자이다." 이 같은 해석의 맥락에서 "자신으로의 회귀를 추구하는 순환적 시간은 역사의 무상함과 일시성을 인정하는 연대기적 시간에 자리를 내주게" 된다고 한다.

커니의 이런 신화 독법은 여러 시대에 걸쳐 굳어진 언어와 이미지의 혼동에 기초한 것이다. 그러므로 '시간 그 자체인 크로노스가 시간의 필연적 흐름에 의해 처벌받는다'라고 하는 등 개념의 혼란과 일관성 없는 해석이 되기 쉽다. 이는 신화의 깊은 의미를 천착하기에도 피상적이다. 여기서 잠시 티탄족 신 가운데 하나인 크로노스와 '시간 영감'이 융합하게 된 연유를 살펴볼 필요가 있다.

신의 이름과 시간을 뜻하는 명사가 동일하게 발음됨으로써 중첩된 의미로 사용된 기원은 '언어 연상'을 즐긴 고대 그리스 시대까지 올라갈 수 있다. 플루타르코스는 언어 연상을 넘어서 둘 사이의 유사성에 특별한 의미를 부여했다. 그는 신들의 이름이 모두 크로노스와 연관해서 유래하기 때문에, 크로노스가 모든 것의 시작을 뜻하는 '시간의 신'이 분명하며 이는 의미심장하다고 주장했다. 후세의 저술가들은 이 견해를 답습하거나 부연하는 경우가 많았다. 하지만 고대 그리스 로마의 예술가들이 크로노스 신을 의인화된 시간으로 한정하여 묘사했다는 증거는 거의 없다. 고대 그리스 로마 사람들은 시간 자체를 의인화하지 않았다. 따라서 인간의 모습을 지닌 신으로 묘사하지 않았다. 오르페우스교의 일부 전승에 따르면 시간의 의미를 지닌 크로노스(chronos)는 '크로노스(Kronos)가 속한 티탄족' 탄생 이전에 있던 원초의 신이다. 크로노스는 아이테르(공기), 에레보스(어둠), 카오스(혼돈)를 낳았다고도 하는데, 이때에도 그는 주로 무형의 신으로 기술되었다.

크로노스-사투르누스를 시간의 신으로 묘사하는 회화의 공식이 생겨난 것은 주로 중세 초기에 활동한 백과사전 저술가와 문법학자들 때문이었다. 사투르누스의 낫이 모든 것을 베어 죽여버리는 시간의 상징이라고 처음 말한 사람은 기원후 4세기의 문법학자 세르비우스로 알려져 있다. 신화학자인 마크로비우스는 사투르누스가 데리고 다니는 뱀이 1년을 상징하며, 뱀이 꼬리를 물고 있는 것은 시간이 제 자신을 먹는 것을 상징한다고 했다. 중세의 신화학자들은 사투르누스가 자식들을 잡아먹은 이야기도 눈앞에 있는 것을 죄다 먹어치우는 시간을 형상화한 것으로 해석했다. 이는 "시간은 모든 것을 먹어치운다(tempus edax rerum)"라는 오비디우스의 말을 상기시킨다. 자식을 잡아먹는 사투르누스의 잔인성은 모든 것을 먹어치우는 시간의 상징으로 설명되었던 것이다. 결국 서구 역사에서 이렇게 다양한 해석의 출현은 '음성상의 일치'를 정당화하려는 새로운 신화 창조의 과정이었다고도 볼 수 있다.

이런 문제를 제기하는 것은, 크로노스를 시간과 동일시하면 크로노스 신화의 의미가 대폭 축소되거나 평범해지기 때문이다. 신화는 의미로 충만하기 위해 존재한다. 여러 가지 형태로 묘사되고 은유되어왔지만, 커니를 포함해서 크로노스를 시간 영감과 일치시키는 해석은 사실 '자연적 시간'을 전제하고 있다. 물론 티탄족 크로노스는 시간의 의미와 연관이 깊다. 하지만 시간의 다른 차원을 함의하고 있다. 이를 알아보기 위해 시간의 의미를 다시 짚어보는 일이 도움이 될 것 같다.

자연적 시간

시간이란 무엇인가? "아무도 묻지 않는 한 나는 알고 있다. 그러나 누군가에게 질문을 받고 설명해야 한다면 나는 모른다." 성 아우구스티누스의 고백이다. 이런 고백은 우리 모두에게 해당된다. 시간에 관한 문제는 단순해 보이지만 알려고 하면 할수록 우리를 미지의 심연으로 빨아들이는 듯하다. 신기한 나라로 모험을 떠난 앨리스 이야기에 등장하는 '매드 해터(Mad Hatter)의 파티'보다 더 난해하다. 이는 21세기의 첨단 과학자들에게도 마찬가지다.

아인슈타인 이후, 과학자들은 시간이 상대적이라는 것을 안다. 뉴턴에게는 시간과 공간이 절대 불변이었지만, 아인슈타인에게 시간은 물질과 에너지의 영향을 받을 수 있는 것이다. 하지만 과학자들은 여전히 시간은 왜 한쪽 방향으로만 진행하는지 명쾌하게 밝혀내지 못하고 있다. 우리의 일상적 경험에서 시간은 일정한 방향으로만 진행한다. 곧 방향성이 있고 비가역적이다. 그래서 물리학자 아서 에딩턴은 '시간의 화살'이라는 말까지 만들어냈다.

그러나 미시적 영역에서 시간은 비가역적이지 않은 것 같다. 원자 영역에서는 과거와 미래의 구분이 없는 것처럼 보이기 때문이다. 운동하고 있는 원자들을 촬영한 다음 거꾸로 돌려서 보더라도 그 운동의 방향에는 아무런 차이를 발견할 수 없을 것이다. 후진 운동 역시 물리법칙을 만족시킬 것이기 때문이다. 이것은 우리가 일상에서 관찰할 수 있는 일반적 물리 현상과 전혀 다르다. 마치 필름을 거꾸로 돌려 보듯이, 탁자에서 떨어져 깨진 찻잔의 조각들이 다시 합쳐져 탁자 위에 올려지는 일은 현실에서는 불가능하다.

원자는 가역적 운동이 가능한 것처럼 보이지만, 그런 원자로 이루어진 모든 사물은 일상의 관찰에서 시간의 비가역성을 따른다. 이는 세상 만물이 근원적 모순을 품고 존재하고 있음을 의미한다. 시간의 비가역성이 보편적 자연법칙으로 받아들여지려면 미시적 영역에서 완전히 증명되어야 할 것이다.

현대물리학은 중력 이론과 양자역학을 합치려는 시도에서 상상의 시간 또는 허(虛)시간(imaginary time)이라는 개념을 도입했다. 허시간의 진행은 공간에서의 방향 이동과 구별되지 않는다. 공간에서 북쪽으로 갈 수 있다면 돌아서서 남쪽을 향할 수도 있다. 마찬가지로 만일 허시간에서 앞방향으로 갈 수 있다면, 당연히 방향을 바꾸어서 뒷방향으로도 갈 수 있을 것이다. 이는 허시간의 앞방향과 뒷방향 사이에 아무런 근원적 차이가 없음을 뜻한다. 반면 실시간의 경우 앞방향과 뒷방향 사이에는 과거와 미래 같은 아주 큰 차이가 있다. 이 차이는 도대체 어디에서 연유하는가? 왜 우리는 과거를 기억하면서 미래는 기억하지 못하는가? 좀 더 근원적으로 질문하면, 어떻게 원자 영역에서는 방향성이 없는 시간이 보다 큰 차원에서는 시간의 화살을 촉발하는가?

시간의 방향성을 설명하는 데 기본이 되는 것은 '열역학적 시간의 화살(thermodynamic arrow of time)'이다. 슈퍼맨이 시간을 되돌려놓은 덕분에 지진으로 산산조각 나서 무너진 댐이 다시 원래

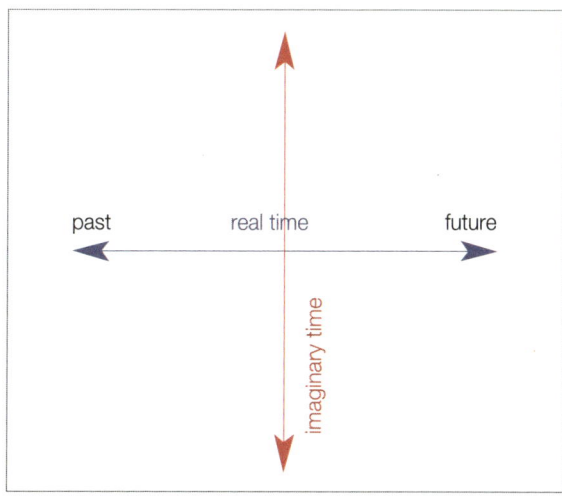

실제의 시간과 허구의 시간의 관계를 나타낸 이미지.

의 모습을 찾고, 벤자민 버튼처럼 늙은이가 어린아이가 되며, 탁자에서 떨어져 깨진 찻잔의 조각이 다시 합쳐져 원래 자리로 돌아가는 일은 현실에서 불가능하다. 루트비히 볼츠만이 발견한 열역학 제2법칙이 이를 금하기 때문이다.

열역학 제2법칙에 따르면, 모든 닫힌계에서는 엔트로피 또는 무질서도가 시간의 흐름에 따라서 증가한다. 엔트로피가 증가하는 방향은 열이 흘러가는 방향이다. 이는 또한 정보의 불확실성이 늘어난다는 의미이다. 물에 잉크 방울을 떨어뜨리면 점점 퍼져나가 잉크 방울의 위치에 대한 정보는 점차 흐려지게 된다. 이는 방 안에 퍼지는 향기의 경우에도 마찬가지다.

모든 물리적 과정은 엔트로피가 증가하는 방향으로 진행한다. 거꾸로 진행하는 일은 결코 일어나지 않는다. 결국 물리적 세계에서는 엔트로피가 증가하는 방향인 무질서를 향해서 시간이 흘러간다는 뜻이 된다. 탁자에 놓여 있는 온전한 찻잔은 질서도가 높은 상태이다. 그러나 바닥에 떨어져 있는 깨진 찻잔은 무질서한 상태이다. 탁자에 있는 찻잔이라는 과거 상태에서 바닥에 떨어져 깨진 찻잔이라는 미래의 상태로는 매우 자연스럽게 갈 수 있지만, 그 역으로는 갈 수 없다. 어떤 개별적이고 조직화된 힘이 가해지지 않는 한 사물들은 보다 큰 무질서, 또는 엔트로피가 더 큰 방향으로 흘러가는 경향이 있다. 스티븐 호킹의 해학적 표현을 빌리면, 이것은 "일종의 머피의 법칙이다. 모든 일은 항상 잘못되는 경향이 있다!"

열역학적 시간의 화살은 '심리적 시간의 화살(psychological arrow of time)'과 방향이 일치한다. 심리적 시간의 방향은 우리가 일상적으로 경험하는 시간의 방향을 말한다. 이것은 우리가 시간이 흐른다고 느끼는 방향, 우리가 나이를 먹어가는 방향으로 미래가 아니라 과거를 기억하게 한다. 생존하기 위해 인간은 질서 있는 에너지 형태인 음식을 소비해 무질서한 에너지 형태인 열로 전환한다. 인간 같은 지적 생명체가 활동하기 위해서는 강한 열역학적

우주의 탄생과 시간의 시작을 상상한 그림.

시간의 화살이 필요하다.

　질서의 상태에서 무질서의 상태로 가려는 보편적 경향은 시간이 방향을 가진 것처럼 보이는 이유를 설명해줄 수 있다. 그러나 그 설명은 우주가 그 시작에 어떻게 질서 상태일 수 있었는가 하는 문제에 답할 수 있을 때에만 만족스럽게 작동한다. 우주는 매우 어수선하고 혼란스런 무질서 상태에서 시작되었을 수도 있다. 그렇다면 더 큰 무질서를 향한 점진적인 경향은 없었을 것이고, 시간의 방향성도 없었을 것이다. 따라서 시간의 방향을 설명하는 것은 우주의 시원에 존재했던 거대한 조직화를 설명한다는 의미이다. 현대물리학은 시간의 성격을 우주의 기원 바로 그 시점까지 추적한다. 시간에 대한 물음은 우리를 근원적인 자연법칙에 대한 물음에 이르게 한다.

우주 대폭발의 가설은 우주론적 시간의 화살(cosmological arrow of time)이 있다는 것을 증명하고자 한다. 다시 말해 우주가 팽창하는 시간의 방향과 같은 방향으로 무질서가 증가하고 있다는 것을 보여주고자 한다. 이는 또한 현재 인류가 우주의 팽창 국면에 존재하고 있다는 것을 의미한다. 이것을 논증하기 위해서 자연 상수가 지적 생명체의 존재를 허용하는 값을 가져야 한다는 '인류적 원리(anthropic principle)'도 도입되었다. 많은 과학자들에게 인기가 별로 없는 그러나 또한 스티븐 호킹을 비롯한 적지 않은 과학자들이 논증의 돌파구로 활용하는 이 원리는, 우리가 우주를 지금의 모습으로 보는 까닭은 만약 우주가 다른 모습이었다면 우리는 지금 이곳에서 우주를 관측할 수 없었을 것이기 때문이라는 주장이다. 이 지점에서의 탐구와 탐구 결과 사이의 갈등 및 논쟁은 지금도 지속되고 있다.

빅뱅 모델에 대한 과학서를 쓴 스티븐 와인버그는 "아마도 우리의 진정한 문제는 우주의 시작 혹은 시작이 과연 있었는가 하는 물음을 이해하는 것이 아니라, 시간과 공간이 더 이상 의미를 지니지 않는 조건에서 자연을 이해하는 것일 수도 있다"고 했다. 우주의 아주 초기에는 우리에게 친숙한 매끄러운 시공간 구조는 존재하지 않았을지도 모르기 때문이다. 더 나아가, 지금도 관찰자로서 인간이 시공간의 핵심을 지각할 수 있을 만큼 시공간 구조에 접근해 있지 않을지도 모른다. 시간 구조가 의미가 없다면, 시간의 시작이라는 말도 의미가 없다(헤시오도스의 《신통기》에도 태초에 시간의 신 크로노스는 없었다! 티탄족 크로노스가 등장할 뿐이다). 일상생활의 경험 차원에서 시간은 흐른다. 아니, 우리가 시간과 함께 흐른다. 우리는 분명 그렇게 느끼고 있다. 고전물리학에서 시간은 시공 연속체의 일부였다. 사실 양자역학에서는 아직 시간에 대해 합의된 해석이 없는 것과 마찬가지다. 이에 천체물리학자 파이어트 허트의 물음은 우리를 다시 아우구스티누스의 고백으로 돌려보낸다. "시간에 대한 미래의 과학적인 이해가, 이전의 모든 생각이 잘못되었다는 것을 보여주고, 과거, 미래, 심지어 현재조차 존재하지 않는다는 것을 논증한다면 어떻게 될까?"

나는 지금까지 '시간이란 무엇인가?'라는 물음에 답하지 못했을 뿐만 아니라, 시간에 대해서 뭔가 알고 있다고 말하기는커녕, 시간에 대해 우리가 얼마나 모르고 있는지 보여주었다. 그렇다고 시간에 대해 뭔가 알아보려는 시도를 포기하라는 말은 아니다. 시간이 우리 삶에 어떤 의미를 갖는지 숙고하지 말라는 것도 결코 아니다. 시간의 성격에 대한 근본적인 재인식과 그 역할에 대한 재평가는 오늘날 다양한 분야의 학자들에게 주어진 숙제이다. 이 모든 것은 우리에게 시간에 대해 다양한 차원에서 접근할 것을 요청한다. 어찌 보면 융통성 있는 접근을 요구한다고 할 수 있다.

서사적 시간

폴 리쾨르도 '인간 경험에 공통되는 특성은 그 시간적 특성이다'라는 가설을 제시한다. 그것을 '시간의 모순성을 드러내는 형이상학'과 '이야기의 시학' 사이의 상호 관계로 설명하려고 한다. 이야기되는 모든 것은 시간 속에서 일어나며 시간적으로 전개된다. 이는 역으로 시간 속에서 전개되는 모든 것은 이야기될 수 있다는 뜻이 된다. 나아가 모든 시간적 과정은 그것이 어떤 식으로든 이야기될 수 있다는 점에 한에서만 시간적인 것으로 인식될 수 있을 것이다.

이것은 실제 있었던 일을 기술하고자 하는 역사에서뿐만 아니라 허구적 이야기 구성에서도 마찬가지다. 또한 '자연과학적 기술'을 포함하여 세계의 진리를 주장하고자 하는 서술 방식에서도 마찬가지다. 이런 점에서 물리학자 마르첼로 글라이저의 역설적인 주장은 흥미롭다. "사물이 현재의 과학이 발견한 방식으로 존재하는 까닭은 현재의 과학이 인간이 세계를 보고 설명하는 방식대로 지어낸 이야기이기 때문이다." 과학에서 실재와 허구의 경계를 의심했던 존 아치볼드 휠러의 역설적인 사고도 이와 일맥상통한다.

이야기하기의 시도에 시간성이 전제되듯이, 시간성 역시 그 의미를 획득하기 위해서는 서사성(과학 서사를 포함하여)을 전제해야 한다. 리쾨르는 주장한다. "역사 기술과 허구적 이야기 사이의 구조적 동일성을 입증하는 문제와 관련해서나 또는 각각의 서술적 양태가 내세우는 진리 주장 사이에서 드러나는 심층적 유사성을 확인하는 문제와 관련해서나 하나의 전제가 다른 모든 전제들을 지배하고 있다. 즉 서사 기능의 구조적 동일성은 물론 모든 서사 작품들이 진리를 주장하는 최종 목적은 바로 인간의 경험이 갖는 시간적 특성이다." 그러므로 "서사적 작품이 전개하는 세계는 항상 어떤 시간적 세계다." 또는 이렇게 말할 수 있다. "시간은 서사적 방식으로 진술되는 한에 있어서 인간의 시간이 되며, 반면에 이야기는 시간 경험의 특징들을 그리는 한에 있어서 의미를 갖는다." 듣고 말하고 쓸 수 있는, 곧 지각의 대상이 되는 이야기는 보이지도 들리지도 않는 시간에 형태를 부여함으로써 그것을 드러나게 하는 문화적 기제이다.

리쾨르의 입장은 사변적 차원에서는 풀 수 없는 시간의 아포리아, 곧 해결의 출구 없는 시간의 모순성을 이야기의 차원에서 어느 정도 해결할 수 있다는 것이다. 그래서 그가 사유의 출발점으로 삼는 것이 아우구스티누스의 시간 이론과 아리스토텔레스의 서사 이론이다. 그는 시간성과 서술성의 상호 관계를 바탕으로 하는 연구 과정을 통해 시간의 모순성과 이야기의 시학이 적절히 서로에게 화답하기를 바란다. 다시 말해 시간은 서사적 양식으로 엮일 때 인간의 시간이 되며, 이야기는 시간적 존재의 조건을 기술할 때 그 의미가 충만해진다.

리쾨르가 민담, 서사시, 신화, 비극과 희극, 소설 등 '허구 이야기'들을 통해 알아보려는 것은 "분명히 역설적인 표현임에도 불구하고 과감하게 사용된 시간의 허구적 경험(expérience fictive du temps)"에 관한 것이다. 허구는 상상력의 차원에서 자유로이 시간의 무한한 가능성을 탐구하는 것이다. 인간의 상상력은 '시간의 수수께끼'에 그럴듯한 해결책을 제시하고자 하는 시도이며, 허구는 이런 시도를 위해 마련된 일종의 실험실이다. 모든 허구는 체험된 시간에 상상적 변주를 제공함으로써 현실의 의미를 풍성하게 한다.

체험된 시간은 논리적이고 물리적인 사고만으로는 파악할 수 없으며, 그 시간을 형상화하는 이야기로서 이해할 수 있다. 이제 '이야기하기'는 인간 삶의 매우 중요한 차원에 연결된다. 이야기

속에서 구체화되는 것이 바로 개인이나 공동체의 정체성이기 때문이다. 리쾨르는 그 의미를 이렇게 설명한다. "한 개인이나 공동체의 정체성을 말한다는 것은 누가 그런 행동을 했는가, 누가 그 행동 주체이고 당사자인가 하는 물음에 답하는 것이다. 우선 어떤 사람을 지명함으로써, 다시 말해서 고유명사로 그 사람을 지칭함으로써 질문에 답한다. 하지만 무엇이 고유명사의 항구성을 받치고 있는가? 자기 이름으로 지칭된 행동의 주체를, 출생에서 죽음에 이르기까지 늘어나 있는 삶 전체에 걸쳐 동일한 사람이라고 간주할 수 있는 근거는 무엇인가? 대답은 서사적일 수밖에 없다."

'누가?'라는 물음에 답한다는 것은 삶의 스토리를 이야기하는 것이다. 이야기된 스토리는 행동의 '누구'를 말해준다. '누구의 정체성'은 따라서 '서사적 정체성'이다. 이야기는 정체를 드러낸다. 인격적 정체성은 서사 행위의 도움 없이는 제대로 드러날 수 없다. 그러므로 사람은 '나'를 드러내기 위해서 '나의 이야기'를 하고자 한다. 다시 말해 누구든 '이야기에의 의지'를 가진다. 그러므로 자기 인식의 자기, 또는 서사적 정체성으로서 자기는 자기 삶의 독자인 동시에 필자로 구성되어 나타난다. "자서전에 대한 문학적 분석이 증명하듯이, 삶의 스토리는 주체가 자기 자신에 대해 이야기하는 진실하거나 꾸며낸 모든 스토리들로 끊임없이 다시 형상화된다. 그처럼 다시 형상화함으로써 삶은 이야기된 스토리들로 짜인 직물이 된다."

　잘 말해진 이야기는 특정한 인물의 삶을 표현하더라도 인간 조건과 세계 구성의 보편적 측면을 드러낼 수 있다. 이는 자연법칙을 추상적 수식(數式)으로 표현하는 과학적 작업에서는 찾아볼 수 없는 통찰을 제공한다. 물리적으로 도저히 그 본질을 파악하기 힘든 시간은 매개체를 통해 형태를 부여받을 수 있다. 이야기는 시간에 대해 이런 매개 기능을 한다. 그러므로 '시간의 허구적 경험'이라는 표현은 분명히 역설적임에도 과감히 사용할 수 있는 것이다.

'서사 권력'에의 의지

　이제 우리는 크로노스(Kronos)를 '자연적 시간'을 표상하는 신으로서가 아니라, '서사적 시간'의 차원을 내포하는 신으로서 볼 수 있다. 그렇게 할 때, 신화의 의미는 훨씬 더 풍부해진다. 크로노스는 이야기 속에서 자신의 이야기를 하고자 하는 신이기 때문이다.

　크로노스는 모든 것을 삼키는 시간을 상징하지 않는다. 또한 커니가 해석한 것처럼 시간을 역전시켜 영원을 누리려고 할 필요도 없다. 그가 행했던 가공할 '자기 흡수 행위'가 시간의 필연적 흐름에 의해 처벌받는 것도 아니다. 커니는 시간의 의미에 집착함으로써 단순하면서도 매우 중요한 사실을 간과했다. 크로노스에게는 자연적 시간이 삶의 한계를 설정하지 않는다. 그는 불사영생하는 신이기 때문이다.

헤시오도스도 《신통기》에서 신들의 이런 특성을 강조했다. 그는 크로노스가 우라노스의 남근을 잘라 바다에 버리자 그 거품에서 아프로디테가 태어난 것을 묘사할 때도 "불사(不死)의 살에서 흰 거품이 일더니 그 안에서 한 소녀가 자라났다"고 했다. 크로노스가 레아가 낳은 아이들을 집어삼킬 때도 "자손들 가운데 자기 말고 다른 자는 어느 누구도 불사신들 사이에서 왕의 명예를 누리지 못하게 하기 위함이었다"라고 서술했다.

플라톤도 《티마이오스》에서 시간을 논하면서, 우리가 '시간의 부분들', 곧 '있었음'(과거)과 '있을 것임'(미래)을 부지중에 영원한 존재에 잘못 적용하고 있다고 지적했다. "물론 우리가 '있었다'거나 '있다' 그리고 '있을 것이다'라고 말하긴 하지만, '영원한 존재에는 '있다'만이 참된 표현으로서 적합하고, '있었다'와 '있을 것이다'는 시간 안에서 진행되는 생성에 대해서나 말하는 것이 적절하기 때문이다."

과학과 종교의 논쟁에서도 신의 속성과 연관하여 특별한 점이 하나 있다. 물리학자 프리먼 다이슨은 "신은 전지전능하지 않으며 우리 인간들이 성장하고 배우듯이 신도 성장하고 배운다"는 신학적 견해를 피력한 적이 있다. 이에 대해 저명한 신학자 찰스 하트숀은 다이슨의 입장이 16세기 이탈리아 성직자 소키누스의 신관과 비슷하다고 했다. 소키누스는 중세와 근대 초기의 대다수 신학자들과 달리 신이 시간과 함께 변화하며 배우고 진화한다(더 나아진다는 의미에서)고 믿었다. 소키누스는 이단으로 화형에 처해졌다. 하지만 이 점에서도 신은 인간과 근본적으로 다르다. 신은 변화하지만 태어나고 죽지 않으며 영원히 존재하기 때문이다. 신의 역사는 있을 수 있어도 신의 탄생과 소멸은 있을 수 없다. 하트숀은 이렇게 강조했다. "우리는 태어나고 죽는다. 우리와 신의 차이점은 바로 그것이다. 신에 대해 신이 태어나고 죽는다고 이야기하는 것은 아무런 의미도 없는 일이다. 신은 우리의 탄생을 경험하지만, 그건 우리의 탄생이지 신의 탄생이 아니다. 그리고 그는 우리의 죽음을 경험한다."

크로노스가 모든 것을 삼키는 시간으로 은유될 수 없는 또 다른 이유는 바로 갓 태어난 자식을 삼키기 때문이다. 우리가 시간을 의식하면서 시간이 두려워지는 이유는 시간이 지나면 죽기 때문이다. 시간은 사물의 소멸과 생명의 죽음을 앞당기지 않는다. 물론 시간은 사물과 생명이 일정한 흐름의 한계에 도달하면 반드시 소멸하고 죽는다는 것을 확인하는 엄연한 우주적 권위이자 거역할 수 없는 힘이다. 그러나 시간은 동일한 물리 조건에서 차별적으로 미래를 빨리 오게 하거나 느리게 오게 하지 않는다.

　이렇게 표현할 수도 있다. 우리는 시간에 빗대어서 사멸해간다. 시간은 죽이지 않는다. 시간이 흐르면 누군가 죽을 뿐이다. 저 유명한 라틴어 경구처럼 시간이 흐르면 죽음이 다가온다(Hora fugit mors venit). 각자 감내할 수 있는 시간이 있고, 그것이 흐르면 죽게 된다. 시간은 죽음이 우리를 찾아오게 하는 게 아니라, 우리가 죽음을 찾아가게 하는 것이다. 이것이 시간의 오묘한 점이다.

　사람들은 '시간이 죽음을 몰고 온다'는 고정관념을 갖고 있다. 그렇기 때문에 커니처럼 살육자로서 시간의 신을 상상하며 시간의 '죽이는 행위'를 강조한다. 이는 철학적 인식의 차이를 가져온다. 자연 안에 존재하며 자연스럽게 죽어가는 죽음의 주체로서 생명체가 존재함을 간과하기 때문이다.

　티탄족 크로노스가 갓 태어난 자식들을 삼키는 행위는 시간이 흐름으로써 죽음이 오는, 시간과 세상 만물의 상호 관계를 상징하지 않는다. 크로노스의 자식들도 불사의 신이다. 크로노스의 의도는 시간의 흐름을 가속하겠다는 것도 시간의 흐름을 저지하겠다는 것도 아니다. 그에게는 그럴 필요가 없기 때문이다. 그의 의도는 '사건'을 만들지 않겠다는 데 있다. 사건들은 모여서 이야기를 이룬다. 크로노스는 사건을 일으켜 이야기를 이루어갈 수 있는 서사의 새로운 주체를 집어삼킨 것이다. 시간은 신들을 죽음에 이르게 할 수 없지만, 신들에게도 시간은 흐른다. 리쾨르가 잘 보았듯이 그 시간의 흐름은 이야기로 구체화된다.

크로노스는 시간의 구체적 표현의 가능성, 곧 이야기를 독점하려고 했다. 그러면서 '다른' 이야기의 가능성을 먹어치운 것이다. 자식들을 모두 집어삼킴으로써 자기 대(代)에서 다른 이야기의 가능성을 차단했기 때문이다. 그럼으로써 크로노스는 자기 이야기로서 영원한 삶을 채우기 바랐다. 곧 그는 신화의 독점을 꾀했다. 자기 고유의 이야기로서 시간의 의미를 확보하고자 했다.

우리는 크로노스에게서 '서사 권력에의 의지'를 본다. 크로노스는 자연적 시간이 흘러 자신의 생명이 끝날 것을 두려워할 필요는 없었지만, 서사적 시간은 흐르는데 자신의 이야기는 중단되고 다른 이야기들로 대체되는 것을 두려워했다.

서사 권력에의 의지는 크로노스의 아버지 우라노스에게도 있었다. 우라노스는 아내 가이아의 몸에 다른 신들의 서사적 시간을 가둠으로써 자신의 서사 권력을 지키려 했고, 크로노스는 자신의 몸에 서사적 시간을 가둠으로써 서사 권력을 지키려고 했다. 만일 커니의 해석처럼 크로노스가 죽음을 몰고 오는 신이며 신들이 불사 영생하는 존재가 아니라면, 크로노스는 아버지 우라노스의 '죽음을 몰고 오면서' 세대교체를 했을 것이다. 하지만 그는 분명하게 '거세(去勢)함으로써' 신들의 왕으로서 아버지를 대체했다. 여기서 거세의 의미는 각별하다. 크로노스는 아버지의 기존 서사 권력을 거세하고, 자식들의 미래 서사 권력을 미리 '거세'하려고 했다. 크로노스는 서사 권력에의 의지를 극단적으로 표출한 신의 상징이다.

　헤시오도스는 이렇게 이야기 권력에의 의지를 보이는 크로노스를 위해 특별한 수식어를 마련했다. 그는 크로노스를 항상 "음모를 꾸미는 위대한 크로노스"라고 불렀다. 크로노스가 우라노스에게 복수하고자 하는 어머니 가이아의 계획을 받아들일 때도 이렇게 기술했다. "음모를 꾸미는 위대한 크로노스는 용기를 내어 자신의 소중한 어머니에게 이런 말로 대답했다. '어머니, 이 일은 내가 맡아 완수하겠습니다. 나는 말로 형언할 수 없는 우리 아버지가 두렵지 않습니다. 그가 먼저 못된 짓을 꾀했으니까요.' 그가 이렇게 말하자, 거대한 가이아는 마음속으로 크게 기뻐했다." 여기서 크로노스는 아버지도 음모를 꾸미는 신이라는 것을 알고 있었다. "그가 먼저 못된 짓을 꾀했다"라고 당당히 말하니까 말이다. 또한 크로노스가 레아와 제우스의 계략에 빠졌을 때도, 헤시오도스는 "음모를 꾸미는 위대한 크로노스는 가이아의 교활한 조언에 속아, 아들의 힘과 계략에 패하여 자기 자식들을 도로 게웠다"고 서술했다.

　'음모(plot)를 꾸미는 크로노스'라는 표현은 이미 크로노스의 서사적 정체성을 함의한다. 그의 서사적 정체성은 서사 권력에의 강렬한 의지로 대변된다. 그리고 크로노스의 신화는 우리 모두에게 서사 권력에의 의지가 있음을 새삼 깨닫게 한다. 우리 모두는 자기 이야기를 하고 싶어 한다. 그리고 사람들이 자기 이야기를 들어주기를 바란다.

권력을 가진 자가 세대교체를 거부하는 것은 오래 살기 위함이 아니다(오래 살기 위해서는 다른 방법들이 많다). 자신의 이야기를 계속해서 하고 싶기 때문이다. 되도록 많은 사람들이 그 이야기를 듣도록 하기 위함이다. 크로노스도 오래 살기 위해 세대교체를 거부한 게 아니다. 그에게는 그럴 필요가 아예 없었다. 그는 자신의 이야기로 세상을 가득 채우고 싶었다. 크로노스는 태초에 세계 구성의 신화 차원에서 이야기에의 의지가 보편적임을 보여준 서사 원형이었다.

이제 이 별명 같은 수식어(음모를 꾸미는 위대한)는 그의 아들 제우스를 묘사하는 말이 된다. 그런데 제우스의 음모는 천일야화처럼 다양한 이야기로 퍼져 나간다. 특히 제우스는 애정 행각을 위해서 '음모를 꾸미는' 신이 된다. 곧 이야기의 신이 된다. 셰헤라자데가 천 하루를 이야기하는 여인이라면, 제우스는 영원히 이야기를 실천하는 신이다. 제우스에게는 많은 시간이 있다. 애정 행각을 벌일 시간도 많다. 서사적 차원에서 시간이 있다는 건 이야기될 시간이 있다는 뜻이다. 하랄트 바인리히는 시간의 특성은 항상 '빠듯

함'에 있다고 했다. 자연적 시간은 항상 '빠듯'하지만, 서사적 시간은 언제나 '느긋'하다. 크로노스는 서사 권력에의 의지를 극단적으로 표출하지만, 제우스는 시간의 흐름과 함께 '이야기의 다양성'을 가능하게 한다. 곧 자신의 자식들에게 서사적 거세를 행하지 않고, 서사 권력을 나누어줌으로써 서사 취향을 즐긴다.

제우스의 미덕은 서사 권력에의 의지를 강력히 표출하는 게 아니라 이야기 만들기를 정열적으로 향유한다는 데 있다. 제우스는 자신의 이야기만이 아니라 다른 신들의 이야기로도 세상을 가득 채운다. 제우스의 시대에는, 자연적 시간의 흐름에서 자유로운 올림포스의 신들 사이에서 서사적 시간이 넘쳐흐르고 이야기가 번창한다.

제우스는 자신의 책임을 잘 아는 섭리의 신으로서 변덕에 좌우되지 않는 유일한 신이다. 애정 행각은 예외인데, 이 점에서도 변덕처럼 보이는 그의 행위들은 다양한 의미에서 '정치적' 복선을 깔고 있을 때가 많다. 그는 변덕 속에서도 일관되게 음모를 꾸민다. 곧 플롯이 있는 이야기를 만들어낸다.

존 휠러의 해학적이며 의미심장한 말이 함의하듯이, 시간은 모든 일이 무의미한 사태가 되도록 방치하는 게 아니라, 그 자신이 이야기되기 위해 존재한다. 곧 신들의 삶과 속세의 삶 모두에서 그 자신이 서사적 시간으로서 존재함으로써 시간과 함께 존재하는 모든 것에게 살아 있음을 확신하게 한다. 자연적 시간은 죽음을 전제하지만, 서사적 시간은 삶을 지향한다. 그러하니, 크로노스뿐 아니라 그 누군들 이야기에의 의지를 갖지 않을 수 있겠는가.

피그말리온의 타자성

무언의 상(像)은 마침내 말을 하기 시작했고,
사랑의 입맞춤에 화답하며
뛰는 내 가슴의 고동을 알아주었다
— 프리드리히 폰 실러

플라톤은 엉뚱한 데가 꽤 많았던 사람이다. 이제 우리도 잘 알고 있듯이 그는 이데아 이론을 세우기 위한 전제로서 먼저 영육 분리설을 주장했다. "지혜를 사랑하는 이는 다른 사람들과 달리 혼으로 하여금 몸과의 결합 상태에서 최대한 벗어나게 하는 사람임이 분명하겠지? […] 우리가 언제고 뭔가를 순수하게 알려고 한다면 우리는 몸에서 해방되어야만 하며, 사물들을 그 자체로 혼 자체에 의해서 바라보아야 한다는 것이지."

그러고는 이어서 영혼불멸설을 주장했다. "산 자들에서 죽은 자들이 생기는 것 못지않게 죽은 자들에서 산 자들이 생긴다는 것에 대해 합의를 보게 되었네. 그렇다면 죽은 자들의 혼들은 어딘가에 있는 게 필연적이어서, 그곳에서 다시 태어난다는 데 대해 이 합의가 충분한 증거가 되는 것 같다고 생각되는구먼. 그렇다면 혼들은 인간의 모습으로 있기에 앞서 몸들과 떨어져 그 이전에 있었으며, 또한 지혜도 지니고 있었네."

플라톤은 여러 가지 논리를 개발해서 자신의 주장에 충분한 논증을 제공했다고 주장한다. 이것은 참으로 엉뚱한 발상이었다. 그러나 '어처구니없을지'는 몰라도 '터무니없는' 발상은 아니었다. '뜻밖'이었을 뿐 '근거 없는' 것은 아니었다. 그의 사상은 지난 2천 5백 년 동안 철학뿐만 아니라 자연과학을 포함한 서양의 거의 모든 학문에 영향을 끼쳤다. 참으로 놀라운 일이다.

보통 사람은 위대한 철인과 달리, 엉뚱한 발상을 충분한 논증을 거쳐 거대한 철학 체계로 만들지는 못하지만, '엉뚱한 의혹'을 제기할 수는 있다. 그 의혹의 미끼를 뛰어난 사상가들이 물어주기를 기대하면서…….

엉뚱한 의혹

그리스 로마 신화에 등장하는 피그말리온의 이야기는 유명하다. 그 이야기는 남성들의 은밀한 환상을 자극하여 더욱 유명해졌는지도 모른다. 어쨌든 수천 년 동안 피그말리온은 부러움의 대상이었다. 오비디우스의 말을 들어보자. "그는 자신의 작품에 그만 반해버리고 말았소. 그 얼굴은 진짜 처녀의 얼굴이었고, 그만큼 그의 작품에는 기술이 들어 있었소. 피그말리온은 그것을 바라보며 감탄했고, 자신이 만든 형상을 마음속으로 뜨겁게 열망했소."

피그말리온이 얼마나 자신이 만든 상아상(象牙像) 여인을 갈구했던지, 마침내 신들에게까지 자신의 소원을 빌게 되었다. "신들이시여, 전능하신 신들이시여, 원컨대 제 아내가 되게 해주소서." 피그말리온은 감히 '제가 만든 저 상아 처녀'를 아내로 맞게 해달라는 말은 하지 못했다. 그로서도 그런 소원은 가당찮아 보였기 때문이다. 그래서 그는 '저 상아 처녀를 닮은 여인'을 아내로 맞게 해달라고 빌었다. 마음이 약해진 사랑의 여신 아프로디테는 피그말리온의 이 엉뚱한 소원을 들어주었다. 상아상 처녀를 갈라테이아로 탄생하게 해준 것이다.

자신이 조각한 여인의 상이 진짜 사람이 되기를 원하다니! 피그말리온은 이데아의 빛으로 이 세상 사물들의 존재가 가능하다고 생각했던 플라톤 이상으로 엉뚱했다. 하지만 그는 진짜 충분히 엉뚱하지는 못했던 것 같다. 자신이 상아상이 되어 이 사랑하는 여인상 곁에서 영원히 함께하게 해달라고 신들에게 청하지 않았으니까 말이다. 그는 한쪽 방향으로만 엉뚱했던 것이다.

하긴 신화의 작가가 인간인 이상, 이렇게 극단적으로 엉뚱한 발상은 하지 못했으리라. 아니, 그런 발상을 하는 사람은 고대에나 지금이나 인간 모독죄로 영원히 인간 세계에서 추방당해야 할지 모른다. 만물의 영장이 하찮은 물질이 되려 하다니! 돌이든 상아든 식물이든 동물이든 인간으로 변신하는 것은 지고의 영광 아니겠는가! 그런데 고귀한 인간의 정체성을 훼손하려 하다니! 이런 비난은 그래도 점잖은 편에 속할지 모른다. 하지만 상아상 처녀가 기꺼이 인간이 되고 싶어 하는지 아닌지는 아무도 모르지 않는가? 최소한 그의 뜻은 물어봤어야 하는 것 아닐까? 지독한 이기주의자이자 자기중심주의자인 피그말리온을 꼭 부러워해야만 할까?

진화의 종점

이제 그리 머지않은 미래에 피그말리온과 갈라테이아의 문제는 우리의 현실이 될지 모른다. 인간은 피조물을 만드는 기술에서 탁월하기 때문이다. 더구나 어떤 이유에서든지 인간에게는 피그말리온처럼 인간을 닮은 피조물을 만들려는 열망이 강하다. 로봇의 시대가 이미 코앞에 와 있는 것이다. 경제적인 이유 때문에라도 로봇 산업은 불가피한 현실이 되고 있는 것 같다.

로봇 연구에서 '포섭 구조(Subsumption Architecture)'로 유명한 로드니 브룩스는 로봇 공학의 가장 본질적 특징으로 로봇이 빠르게 인간을 닮아간다는 점을 강조한다. 다시 말해, 로봇의 진화가 목표로 삼는 것이 '인간 되기'라는 점이다. 이는 곧 로봇에게 어느 정도의 인간적 위상과 인간적 권리를 인정해야 할 것인가 하는 문제를 야기한다. '인공 생명의 철학'은 이 문제를 풀지 않고 21세기를 넘어갈 수 없다.

브룩스는 언젠가 로봇이 인간과 같은 정도의 지능과 의식을 갖게 될 것이라고 믿고 있다. 그는 만일 이것이 현실이 될 때 인간을 위해서 이들 로봇을 인공 노예나 대체 노동자로서 부리는 것은 비윤리적인 일이 될 것이라고 말한다. 우리가 우리의 창조물을 노예처럼 취급해서는 안 된다는 것이다. "우리는 '인간 아래(subhuman)의 종족을 만들어내는 것에 문제는 없는가'와 같은 도덕적인 문제에 봉착하게 될 것이다. 본질적으로 노예를 부리는 사람들은 자신이 인간 아래의 것들을 다루고 있다고 생각했다. 만일 이런 생각이 용인될 수 없다면, 인간 아래의 기계를 계획적으로 만드는 것은 어떠한가?"

한편 굳이 인간의 모습을 닮은 로봇이 이상적인 것은 아니라고 주장하는 로봇 공학자들도 있다. 이 경우 로봇에게 인공지능이 필요하지만 반드시 인간과 같은 두뇌를 가질 필요는 없다. 인간의 두

뇌와는 완전히 다른 회로 구조를 통해 매우 지능적으로 행동하는 로봇이 가능할지도 모른다는 전제 아래에서 연구를 지속하는 학자들도 있다. 이런 로봇은 어쩌면 지구에서 만들어진 일종의 지능적인 외계인과 같을 것이다. 그들은 지능 면에서 인간보다 못할 수도 있지만 더 뛰어날 수도 있다.

이들 역시 우리 인간에게 윤리적 난제를 제기할 것이다. 그들과 연관해서는 '로봇에게 인권'을 인정할 것인지가 문제되는 게 아니라, 로봇에게 그에 합당한 권리, 즉 '로봇에게 로봇권'을 어떻게 인정할 것인가 하는 문제가 떠오를 것이기 때문이다. 따라서 우리는 '새로운 타자'라는 철학적 과제를 안게 될 것이다. 이는 결국 인간의 정체성 및 인간 존재론에 대한 성찰과 맞물리게 될 것이다. 세계 곳곳의 로봇 연구 상황을 취재하던 기자가 말했듯이 "끔찍한 두려움, 혹은 위대한 희망이 될지도 모르는 일은 우리가 인간성의 일부를 잃게 될지도 모른다는 것"이다.

로봇과 같은 피조물의 등장은 우리 인간에게 무엇보다도 이런 질문을 던질 것이다. '인간은 비인간적 타자를 수용할 수 있을까?' 물론 인간은 오래전부터 인간이 아닌 타자를 수용해왔다. 그 대표적인 예가 애완동물 또는 반려 동물이다. 그러나 이들 동물은 인간에 위협적이지 않다. 아니, 인간은 그들을 '마음대로' 다룰 수 있기 때문에 데리고 사는지도 모른다. 그러나 인간은 로봇을 마음대로 통제할 수 없을지도 모른다는 사실 때문에 그들을 두려워한다. 로봇 공학자들은 로봇이 인간의 모습을 본떠 만들어졌을 때 사람들이 로봇을 더 쉽게 수용하게 될 것이라고 믿는다. 그러나 모습이 아무리 인간을 닮았어도 뛰어난 능력을 가진 로봇은 경계의 대상이다.

어떤 SF에는 로봇을 인간 사회에서 완전히 제거하려는 비밀결사 단체가 등장한다. 그들은 한때 인종차별을 위한 결사단체였던 'KKK단'처럼 흰 두건을 쓰고 "로봇은 열등하다! 로봇은 노예다! 세계 로봇 인권법을 폐지하라! 기계에게 죽음을!" 같은 구호를 외친다. 인간이 타자를 수용하는 태도는 아직 지독하게 인간 중심적이다. 결국 타자를 제대로 수용하지 못하고 있는 것이다.

《나와 너》의 작가 마르틴 부버는 "'너'라고 말하는 사람은 '그 무엇'을 가지지 않는다. 아니, 아무것도 가지지 않는다. 그러나 그는 '관계'에 들어서 있는 것이다"라고 말했다. 이제 우리는 이렇게 물어야 한다. 우리는 우리의 피조물과 관계에 들어설 수 있는가?

그러나 부버 역시도 피조물을 '나-너' 관계의 상대로 보지 않았다. 그는, 사람들과 더불어 사는 삶에서 우리는 '너'라는 말을 건넬 수 있고 받을 수도 있으나, "뭇 피조물들은 우리와 마주 서서 활동하고 있지만 우리에게까지 오지는 못한다. 그리고 우리가 그들을 향하여 '너'라고 말해도 그것은 말의 문턱에 달라붙고 만다"

피그말리온이 입을 맞추자 창백했던 상아상에서 화색이 돌기 시작한다. 그러나 허벅지 아래로는 아직도 상아상인 듯 창백하다. 장 레옹 제롬, 〈피그말리온과 갈라테이아〉, 메트로폴리탄 미술관 소장, 1890년.

고 했다. 우리는 우리를 닮은 피조물에 대해 그들이 우리에게 해주기를 바라듯이, 그들의 언어로 말을 건네고 입맞춤에 화답하며 뛰는 가슴의 고동을 알아줄 수 없을까?

로봇의 등장이 인간에게 던질 다음 질문은 좀 더 근원적이다. 인간 존재에 관한 문제이기 때문이다. '인간은 무엇이 될 수 있는가?'라는 물음이 그것이다. 인류는 과학 기술의 발달과 함께 지난 2세기 동안 세상을 엄청나게 바꾸어왔다. 그리고 마침내 자신과 닮은 존재를 본격적으로 창조하기 시작했다. 그러나 막상 자신을 진지하게 반성하고 바꾸는 데는 무척 인색했다. 그래서 아직 인류는 '인간 중심주의'에 머물러 있는 것이다.

  나 자신을 잘 알기 위해서는 다른 사람이 필요하다. 인류가 자신을 잘 알기 위해서도 마찬가지로 타자가 필요하다. 그 타자는 적어도 인간만큼의 지적 능력을 갖춘 존재여야 한다. 아니, 인간보다 지적인 차원에서뿐만 아니라 모든 면에서 더 뛰어나다면 인간이 자기 자신을 반성하고 근본적인 자기 변화를 일으키는 데 더욱 효과적일 것이다. 인간은 근원적인 자기반성과 변화를 위해 탁월한 타자와 만나야 한다.

  그러한 타자의 가능성이 지구 외적으로는 '외계 지적 생명체'이고, 지구 내적으로는 바로 로봇이다. 이런 의미에서 인류는 자신보다 뛰어난 자질과 능력의 타자가 등장하는 것을 두려워할 필요가 없을 뿐 아니라, 오히려 반겨야 할지 모른다. 그것이 결국에는 근원적인 자기 변화의 가능성이기 때문이다.

  지금까지 말한 것을 뒤집어보면, 인간이 자신보다 뛰어난 타자를 수용하지 않으려는 것은 근원적인 자기 변화를 원하지 않기 때문이라고 할 수 있다. 오늘날 자신이 '만물의 영장'임을 자부하는 인간은 생물학적이든 문화적이든 자신이 '진화의 종점'에 와 있다고 믿고 싶은 것이다.

칸트의 물음

임마누엘 칸트는 《순수이성비판》에서 이성이 갖는 모든 관심은 세 가지 물음으로 집약된다고 했다. 첫째, 나는 무엇을 알 수 있는가? 둘째, 나는 무엇을 해야 하는가? 셋째, 내가 무엇을 바라도 되는가? 그리고 만년에 출판된 《논리학》을 위한 서문에서 앞의 세 물음에 '네 번째 물음'을 첨가했다. 그것은 길고 긴 연구 생활의 끝에 노학자가 한 말이어서 더욱 값진 것이었다. 칸트의 네 번째 질문은 '인간이란 무엇인가?'였다. 그는 앞의 세 질문은 모두 네 번째 질문에 귀결된다고 했다.

칸트는 전문 학술적 개념에서 위와 같이 철학의 영역을 설정한 것이 아니었다. 그는 '세계시민적 의미(weltbürgerliche Bedeutung)'에 준하여 이성을 지닌 인간 사고의 영역을 그와 같이 설정한 것이다. 그는 이미 《순수이성비판》에서 철학의 '학술적 개념(Schulbegriff)'과 '세간적 개념(Weltbegriff)'을 구분했는데, 세간적(世間的) 개념이란 "누구라도 반드시 관심을 갖는 일에 연관된 개념"을 의미한다. 칸트에게 '인간이란 무엇인가?'라는 물음은 누구든 반드시 관심을 갖는 문제이다.

인간에 대한 칸트의 깊은 관심은 "나는 철학이 표상, 개념, 이데아의 학문 또는 '모든 과학의 과학' 아니면 이와 유사한 학문이 아니라 '인간에 관한 학문', 즉 인간의 자기표현, 인간의 사고, 인간

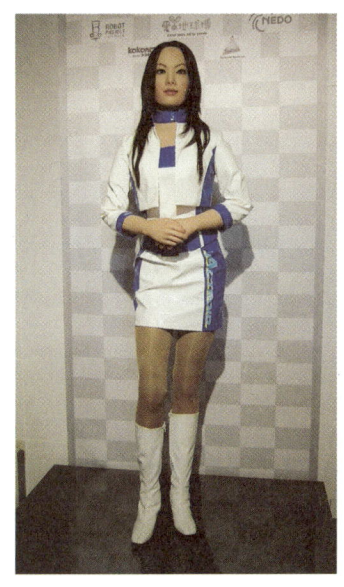

2005년 일본 아이치 엑스포에서 선보인 안내 로봇 액트로이드. 이 로봇은 한국어, 일본어, 영어, 중국어 등 4개 국어를 말할 수 있었다.

의 행동에 관한 학문이라는 것을 배웠다"고 한 그의 말에도 잘 나타나 있다. 그런데 그의 인간 탐구는 수많은 철학자들이 그래 왔듯이 변하지 않는 어떤 '인간 본성'을 전제하고 있었다. 이는 인간이 끊임없이 '인간 안'으로 여행하면서 자신의 정체를 찾고자 하는 방식이었다. 그렇기 때문에 인간에 대한 그의 최종 질문은 그 자체로 한계가 있었다.

칸트는 상상력이 매우 뛰어난 사람이었다. 그렇지 않았다면 천체물리학에 깊고 넓은 관심을 가졌겠는가. 그는 자신의 인간학 저서에서 가설로서 외계인에 대한 상상을 언급하기도 했다. 하지만 그는 두 가지 중요한 미래에 대해서는 상상하지 못했다. 하나는 인간이 지구 밖에서 거주할 수 있다는 가능성이고, 다른 하나는 인간의 진화 가능성이다. 그는 생물학적 진화든 기계와 함께하는 문명적 공진화(co-evolution)든 상상조차 하지 못했다. 그렇기 때문에 '인간이 무엇이 될 수 있는지' 질문하지 않았던 것이다.

이제 칸트의 네 번째 질문은 더 이상 최종 질문이 아니다. 그것이 또 다른 하나의 질문에 의해 보완되어야 할 때가 왔다. '인간은 무엇이 될 것인가?' 이것이 다섯 번째 질문일 것이다. 아니, 변화의 과정에 좀 더 충실하려면, '인간은 무엇이 되고 있는가?'라고 물어야 할 것이다. 이것은 적어도 인간만은 진화의 종점에 도달해 있다고 믿고 싶은 현재의 인간에게 도저히 받아들일 수 없는 것일지 모른다. 하지만 그것은 플라톤이 불멸하는 영혼을 추구했던 것보다 더 엉뚱한 것은 아닐지 모른다.

여명에 나는 부엉이

헤겔은 매우 문학적인 철학자였다. 그래서 그의 문장들은 철학 전공자가 아니더라도 곧잘 인용된다. 그 가운데서도 '황혼에 나는 부엉이'는 높은 인용 빈도를 자랑할 것이다.

"어쨌든 철학은 항상 너무 늦게 도착한다. ······철학이 회색 위에 자신의 회색을 덧칠할 때면, 삶의 모습은 이미 늙어버린다. 그리고 회색 위에 회색을 칠해 가지고는 삶을 젊게 할 수 없다. 다만 삶을 알 수 있을 뿐이다. 미네르바의 부엉이는 땅거미 질 무렵에야 자신의 비행을 시작한다."

헤겔에게 철학은 사후(事後)를 위한 것이지, 사전(事前)의 사유를 위해 준비되어 있는 것은 아니었다. 그의 철학은 현실의 완성을 기다리는 철학이었다. 하지만 21세기에 사는 우리에게는 미래를 통찰하는 '사전의 사유'가 필요하다. 곧 현실을 내다보며 준비하는 철학이 필요하게 된 것이다. 그것은 현재의 변화에 대한 세밀한 관심과 진지한 성찰이 있어야 가능하다.

헤겔은 과학이 꽤 발달한 시대에 살았지만, 과학과 기술이 결혼하여 수많은 문명적 성과물을 낳아 퍼뜨리는 시대에 살지는 않았다. 반면 우리는 인간의 피조물이 우리 자신의 일상을 시시각각 변화시키는 시대에 살고 있다. 그래서 곧 현재로 바뀔 미래의 상황을 예측하고자 하는 필요가 증가하고 있다. 과거는 사라지는 것이 아니라 평가로 회복되고, 미래는 기다리는 것이 아니라 예측으로 소환된다. 오늘날 예측의 필요성과 그 구체적 가능성이 더욱 부각되는 것은, 무엇보다도 미래는 점점 더 인공적일 것이라는 데에 준거

하기 때문이다.

헤겔이 살아 있다면 철학자의 미래 내다보기를 비웃을 것이다. 해질 녘에나 나는 부엉이가 무엇을 하겠느냐고. 하지만 헤겔이 생각하지 못한 것은 이 점이다. 미네르바의 부엉이는 땅거미 질 무렵에야 자신의 비행을 시작하지만, 새로운 하루를 여는 새벽빛을 보며 둥지로 돌아오는 비행을 한다. 여명에 귀소하는 부엉이의 비행! 헤겔은 그것을 보지 못한 것이다. 부엉이가 '과거의 끝'을 본다는 것만 생각했지, '미래의 시작'을 본다는 것은 상상하지 못한 것이다.

'엉뚱한 의혹'은 미래의 철학을 위한 시동이다. 마르크스가 그랬던가. 철학은 세계를 다양하게 해석해왔지만, 이제는 세계를 바꿀 때라고. 이렇게 말할 때, 마르크스는 그리 명민하지 못했던 것 같다. 플라톤이 그랬듯이 그 이전부터 철학은 세상을 바꾸어왔고 그 이후로도 그랬기 때문이다. 그가 철학으로 세상을 엄청나게 바꾸었던 것처럼.

나는 이제 이렇게 말해야겠다. 철학은 지금까지 세상을 바꾸어 왔지만, 이제야말로 철학이 생각의 근원을 바꿀 때라고.

슬픈 미노타우로스

> 모든 신들에게 꿀단지를,
> 미궁의 여주인을 위해 꿀단지를
> – 미케나이 점토판(B.C. 15세기)

혼돈

테세우스의 이야기는 간단하지만, 미노타우로스의 이야기는 복잡하다. 이 말에 혹자는 의아해할지 모르겠다. 테세우스의 영웅 신화는 헤라클레스 이야기에 못지않게 장황하게 전개되기 때문이리라. 그러나 잘 보면 테세우스와 미노타우로스의 관계 그리고 미궁(Labyrinthos)과 '아리아드네의 실타래'로 상징되는 신화에서 미노타우로스는 혼돈을 야기하지만 테세우스는 혼돈을 정리하는 역할을 한다는 것을 알 수 있다. 아리아드네의 실은 테세우스 신화가 어떻게 혼돈의 복잡성을 단순화할 수 있는지 보여주는 기제이다.

그렇다면 미노타우로스는 어떤 혼돈을 야기했는가? 그것은 '탄생의 혼돈'이라고 할 수 있으며, 더 나아가 생명계의 카오스라고도 할 수 있다. 미노타우로스는 크레테의 왕 미노스의 아내 파시파에와 황소 사이에서 태어났다. '잘생긴' 황소에 대한 파시파에의 '괴이한' 사랑에는 여러 가지 전승이 있다. 그 하나는 포세이돈과 연관된 것으로서 미노스가 크레테의 왕위를 요구하던 시절, 그는 신들에게 자신의 권리를 입증할 증거물을 요청했다. 그래서 포세이돈에게 희생 제사를 드리면서 바다에서 황소를 보내주면 그것을 제물로 바치겠노라고 약속했다. 포세이돈은 그의 청을 들어주었지만 미노스는 포세이돈이 보낸 멋진 황소 대신에 보통 황소를 제물로 바쳤다. 그 벌로 바다의 신은 미노스의 아내 파시파에가 황소에게 참을 수 없는 욕정을 느끼게 했다. 또 다른 설에 따르면, 아프로디테가 자신과 아레스의 불륜을 헤파이스토스에게 밀고한 헬리오스에게 복수하기 위해, 그의 딸인 파시파에의 욕정을 불러일으켰다고도 한다.

어쨌든 욕정을 다스릴 길을 찾지 못하던 그녀는 지상 최고의 명장(名匠) 다이달로스에게 조언을 구했으며, 그는 너무나 감쪽같은 암소를 만들어 황소를 속였다. 파시파에는 일종의 암소 로봇 안에 들어가 황소와 결합할 수 있었다. 그러고는 머리는 황소이고 몸통과 사지는 인간의 모습을 한 미노타우로스를 낳았다. 후에 미노타우로스는 아테나이의 영웅 테세우스에 의해 살해된다.

고대 신화에서 괴이한 탄생을 전하는 이야기는 그리 드물지 않다. 우선 하늘의 명장 헤파이스토스는, 헤라 여신이 남편인 제우스와 관계하지 않고 홀로 임신하여 낳은 아들이다. 생물학 용어로 말하면 일종의 무성생식으로 태어났다고 할 수 있다. 여신 가운데서 별나게 태어난 대표적인 경우는 아테나이다. 제우스는 임신한 메티스를 집어 삼켰고 아홉 달 뒤에 아버지의 머리를 쪼개고 완전 무장한 채로 천지를 진동하는 소리를 지르며 태어난 딸이 아테나였다. 이렇게 별나게 태어난 헤파이스토스와 아테나 사이에 또 '별난 생식(生殖)'이 없었겠는가. 헤파이스토스에게 무기를 주문한 아테나가 그의 작업장에 들렀다. 헤파이스토스는 순간 그녀에게 사랑을 느꼈고 여신은 그를 피했다. 헤파이스토스는 그를 뿌리치려는 여신과 몸싸움을 벌이다가 그만 그녀의 다리에 사정을 했다. 혐오감을 느낀 아테나는 양모로 정액을 닦아내어 땅에 내던졌다. 이렇게 하여 잉태한 대지에서 태어난 자식이 아테나이의 초기 왕들 가운데 하나인 에리크토니오스이다.

고대 초기 신화들이 생성과 번식의 욕구를 강하게 내포하는 것은 신화학적으로도 당연해 보인다. 초기 신화는 창조와 우주 생성론적 요소를 근본에 깔고 있기 때문이다. 좀 더 복합적인 해석이

테세우스가 미노타우로스를 도륙하는 행위가 역동적으로 강조되어 있다. 에티엔 쥘 마레, 〈테세우스와 미노타우로스〉, 파리 뤽상부르 공원, 1826년.

요구되는 것은 영웅 신화이다. 영웅의 등장은 역사와 함께 발전해 가는 정치·사회적 차원을 반영한다. 그러나 무엇보다도 영웅의 등장은 '인간의 자기 동일성'이 강화되어가는 과정과 일치한다. 이 점이 더 중요하다. 그럼으로써 '인간과 다른', '제거해야 할' 생명을 구분하게 된다. 테세우스와 미노타우로스의 이야기는 이 지점에 위치한다. 영웅은 신비로운 생명체인 용이든 잡종 생명체인 괴물이든 우리와 다른 생명을 제거하고 정리한다. 영웅은 탄생의 혼돈을 정리하는 과정에서 '위대한 인간성'을 정립한다.

그러나 이 지점에서 부상하는 심각한 물음을 피할 수 없다. 생명이 제거되고 정리될 수 있는 대상인가? 인간의 자기 동일성이 인간 중심적으로 생명계를 정리하는 일을 정당화할 만큼 '신성'한 것인가? 생명체들 사이의 관계를 어떻게 보아야 하는가? 생명이란 무엇인가?

생명

스피노자는 죽음의 의미에 집착해온 철학을 비판하며, 자유롭게 사색하는 인간의 능력으로 죽음에 대해서가 아니라 삶에 대해서 명상하라고 가르쳤다. 그만큼 생명은 알 수 있는 것이자 또한 알지 못하고 있는 것이기 때문이리라.

이는 철학자에게든 과학자에게든 마찬가지이다. "더듬거리고 불완전한 과학적 설명들은 생명의 정의에 한 걸음씩 다가서긴 하지만 마지막 결론 앞에선 멈추고 만다. 우리는 마지막 말, 최종적인 판단을 제의하지 못할 것이다." 생물학자 린 마걸리스는 '제의하지 못할 것'이라고 가설적이지만 일반화해서 말한다. 생명은 자기 초월적이기 때문이다.

"그날그날 살아가며 조정하고 배움으로써, 장기간에 걸친 작용과 진화로써, 상호 작용과 공진화로써 생물체는 원래의 자기 이상이 된다는 의미에서 스스로를 초월한다. 태양으로부터 온 에너지를 저장하고 재분배하면서 생명은 최고 수준의 활동과 복잡성을 과시한다. 생명이 우주의 많은 영역을 자신의 보금자리로 개조해 나간다면 스스로를 어떤 생명으로 만들 것인지 누가 추측이라도 할 수 있을까?" 이 말은 문학적 은유를 내포하고 있지만 우주적 차원에서 생명에 대한 과학적 설명의 단초 또한 던지고 있다.

과학자들에게도 경탄할 영감을 주었다는 《마(魔)의 산》에서 토마스 만은 이렇게 적고 있다. "생명이란 무엇인가? 아무도 그것을 몰랐다. 생명은 생명으로 된 순간부터 자신을 의식하고 있음에는 틀림없지만 자신이 무엇인가는 알고 있지 않았다. ……생명은 물질도 아니고 정신도 아니었다. 둘 사이의 중간물로서 폭포에 걸린 무지개처럼, 또는 불꽃처럼 물질을 통해 전달되는 현상이다. 생명은 물질은 아니지만, 욕망과 혐오를 느낄 정도로 민감하고 자신을 감지할 수 있게 된 물질의 음탕한 모습, 존재의 음란한 형식이었다."

그러나 과학자인 마걸리스는 좀 더 물리주의에 경도된 입장에서 생명을 본다. "생명은 기묘하고 느린 파도처럼 물질 너머로 밀려들어 파도타기를 하는 물질적인 과정이다." 그러나 단순한 물질이 아니라, "피할 수 없는 죽음을 무한정 연장하기 위해 자신의 방향을 선택할 수 있는 거칠고 난폭한 물질이다." 즉 생명은 '자기 선택하는 물질'이다. 과학자는 결국 생명을 '자유의지'를 가진 물질로 보고 있다. 이 지점에서 생물학적 관점과 철학적 관점은 교묘하게 혼합한다. 나아가 그는 "우주적 관점에서 생명은 또한 우주가 인간의 형태로 스스로에게 던지는 물음"이라는 형이상학적 정의에 이른다. 이 정의의 핵심 역시 '스스로'라는 말이다.

한스 요나스도 모든 생명체의 살려고 애쓰는 성질 자체를 '자유의 발현'이라고 본다. 자유는 가장 낮은 수준의 생명체에서 시작하여 그 이상의 모든 생명체에서도 실현되고 있다. 가장 원시적 생명체의 외부에 대한 반응도 그 생명체가 자신의 '가능성 영역'을 확장하기 위해 기존의 한계를 박차고 나오는 것이기 때문에 이미 가장 기초적인 형태의 자유이다. 모든 생명체의 물질대사도 기초적인 형태의 자유이며, 동물의 장소 이동도 자유의 양태들이다. 인간이 과학과 기술의 발달로 노화를 방지하고 생명을 끊임없이 연장하고자 하는 것도 '가능성을 확장'한다는 점에서 생명의 자유를 발현하는 것이라고 볼 수 있다.

물리주의의 입장에서든 생기론의 입장에서든 생명에 자유와 선택의 차원을 인정한다는 것은 생명의 개체성을 중요시한다는 의미이다. 사실 다윈 이전의 박물학자(naturalist)들에게나 그 이후의 진화생물학자들에게나 생명의 개체성 그리고 이에 따른 생명의 다양성을 설명하는 것은 학문적 과제였다.

다윈의 이론도 생명의 이런 특성을 설명하는 것을 목표로 삼았다. 진화의 분기(分岐) 과정에서 그가 기술한 것은 어떤 점에서는 서로 비슷하고 어떤 점에서는 서로 다른 무수한 유기체들이었다. 자연선택은 각 유기체 사이의 차이에 작용해서 집단 사이의 차이를 낳는다. 이른바 적자생존의 원리도 개체들 사이의 차이를 기반으로 한다. 인식론적 차원에서도 적자가 결국 자연선택되어 생존에 성공적임을 뜻하는 한 진화론이 동어반복을 벗어나기 어려운 것처럼 보이더라도 그것은 유의미한 동어반복이다. 이 순환논리의 궤도에 '차이의 발생'이 무수히 자리하기 때문이다.

질 들뢰즈는 "다윈의 위대한 참신성은 아마 개체적 차이를 처음 사유했다는 데 있을 것"이라고 했다. "《종의 기원》을 끌고 가는 주제, 그것은 개체적 차이가 무엇을 할 수 있는지 알 수 없다는 것이다! 자연선택과 결합될 경우, 도대체 개체적 차이가 어디까지 이를 수 있는지는 알 수 없는 노릇이다."

실제로 다윈은 자연에는 엄청난 생산성이 있으며, 그만큼 엄청난 개체적 차이가 존재한다는 점을 매우 중요하게 생각했다. 이런 다윈의 입장은 그가 존 밀턴의 문학을 대할 때도 드러난다. 다윈은 밀턴의 《실낙원》을 읽고 밀턴이 내세운 인간 중심적 세계관은 전복시켰지만, 개별자의 형성과 생존에 대한 세심한 관심을 표현한 밀턴의 언어는 받아들였다. 각기 다른 개체에 대한 다윈의 진지한 관심은 오늘날 생명에 대한 우리의 윤리 의식에도 시사하는 바가 크다. 현대의 생명 윤리는—당연한 것임에도 불구하고—종종 생명 그 자체에 초점을 맞추기보다 생명을 다루는 과정에 대해 윤리적 논쟁을 하기 때문이다. 인공수정으로 태어난 아이의 문제에서도 '그 아이'라는 생명체에 초점을 맞추는 게 아니라 인공수정의 과정에서 발생한 문제에 대해 윤리적 논쟁을 하는 경우가 적지 않다. '별나게 태어난 각각의 생명' 그 자체에 윤리적 관심을 쏟을 때 생명 윤리는 올바른 판단의 시각을 가질 가능성을 더 높일 수 있다.

들뢰즈에게도 개체적 차이는 '알 수 없는 만큼' 부정되는 게 아니라 긍정된다. 그의 이런 입장을 밀고 나가면, 생명 현상에서 개체의 변이와 생존은 무조건적으로 긍정되고 수용된다. 그러므로 각 생명체가 자신의 유전자를 발현시키는 것, 발현된 것들이 모두 공존하는 것 그리고 그런 생명체들로 세계를 다양하게 하는 것은 생명철학에서 근본 원리가 된다. 세계의 거주자가 될 개체들에는 물론 우리가 별 생각 없이 기형(畸形)이나 이상한 것이라고 부르는 생명체도 포함된다. 차이의 세계에서 그들은 정상의 한 형태이며, 사실 생명의 세계는 이들 덕분에 진화하고 고도의 생물학도 이들 덕분에 발전하기 때문이다. 생명의 진화와 생명의 과학이 우리를 미궁으로 데려갈지라도 말이다.

미궁

파시파에가 미노타우로스를 낳자, 미노스 왕은 다이달로스에게 미궁을 짓게 해 미노타우로스를 그곳에 살게 한다. 아테나이가 미노스 왕에게 바치는 공물과 함께 크레테에 간 테세우스 왕자는 미노스의 딸 아리아드네가 준 칼과 실타래를 들고 미궁에 들어가 '괴물'을 죽인 다음 무사히 미궁을 빠져나온다.

미궁 연구가들은 미궁의 시원이 신석기 시대까지 거슬러 올라간다고 한다. 미궁에는 일정한 구성 원리가 존재한다. 미궁을 지배하는 것은 기하학적 도형과 질서이다. 미궁 연구가들이 고고학적 자료를 바탕으로 재구성해서 '크레테형 미궁'이라고 부르는 구조물이 있다. 크레테형 미궁에는 하나의 중심이 있고 그것을 싸고돌면서 진자가 왕복 운동하듯 180도 방향 전환을 반복하다가 이윽고 중심에 이르는 일곱 겹의 주회로가 있다. 미궁의 중심은 일정 구조에 의해 은폐되어 있기는 하지만 주회로를 따라가면 반드시 그곳에 도달하게 되어 있다.

미궁은 직선의 최단 거리를 되도록 최장 거리로 바꾸는 구조이지만 입구와 중심 사이의 혼란을 야기하는 기제는 아니다. 미궁은 제한된 공간을 무한정한 시간으로 채워 넣는 것 같은 구조이지만, 공간 자체의 무질서와 혼란을 의미하지 않는다. 또한 되돌아갈 수 없는 길을 전제하지도 않는다. 이 점을 이해하는 것은 테세우스 신

프랑스 샤르트르 대성당 바닥에 그려져 있는 미궁도. 이 미궁도에서도 주회로를 따라 이동하면 입구에서 중심까지 반드시 도달하게 되어 있다. 그 반대도 마찬가지다.

화가 은폐하고 드러내는 것을 포착하는 데 핵심적이다. 테세우스가 미노타우로스를 만나서 그를 죽이기 위해서는 미궁의 중심에 이르렀어야 한다. 또한 중심에서 입구이자 출구까지의 주회로는 외길이므로, 그가 중심에 도달할 수 있었다는 것은 거사를 치른 후 아리아드네의 실타래 없이도 어쨌든 확실히 출구로 나올 수 있었음을 의미한다.

여기서 우리는 바로 아리아드네의 실이 신화의 메시지를 위해 자의적으로 삽입된 기제라는 것을 간파할 수 있다. 아테나이의 영웅 신화에서 미궁은 그 시원적 구조와 달리 복잡하고 방향감각을 마비시키며 전체적인 모습을 도저히 상상할 수 없게 하고 이리저리 막다른 골목들이 산재하는 구조로 강조된다. 미궁은 질서나 이

성과는 반대되는, 혼돈의 극치라는 이미지를 주는 어떤 공간이 된다. 이런 혼돈의 이미지는 번식과 탄생의 혼돈을 상징하는 미궁의 거주자 미노타우로스의 이미지에 오버랩된다.

영웅 테세우스가 크노소스의 미궁에서 성공적으로 치른 거사는 두 가지 의미에서 혼돈을 정리하고 세상을 제자리에 돌려놓는다. 그는 미노타우로스를 살해함으로써 '탄생의 혼돈'을 제거하며, 아리아드네의 실타래를 일관되게 따라가 미궁에서 탈출함으로써 '의식의 혼돈'을 정리하고(미로의 혼돈이 아니라) 인간의 자기동일성을 회복한다. 아리아드네의 실은 배타적인 원리를 상징한다. 그것은 때론 유일한 진리의 길 또는 인간에게 당연한 윤리의 길로 은유되며 인간을 '인간답게' 통합하는 기능을 한다.

좀 더 근원적으로 들어가면, 미노타우로스와 미궁 그리고 테세우스와 아리아드네의 실은 서구 의식의 뿌리 깊은 변증적 갈등을 반영하는지 모른다. 그것은 피지스(physis)와 노모스(nomos)의 관계와 갈등이다. 자연은 우리에게 어떤 변이와 기형을 제공할지 모른다. 우리는 자연의 욕구를 알지 못한다. 자연의 선택도 예견할 수 없다. 그러나 자기동일성을 위한 인간의 의지는 종종 자연스러움 또는 '자연적 정상(正常)'을 도덕적 이상(異常)으로 판단하고, 그것이 윤리적 정상으로 수정될 것을 요구하고 단호히 실행한다. 윤리적 정상화는 생명의 기운을 억압할 수 있다. 그 단호함에는 생명체의 제거도 포함될 수 있다. 영웅의 여정은 '살생'의 여정이었다.

미래

조지 프레드릭 와츠가 그린 미노타우로스는 미궁의 회랑 구석에서 저 멀리 수평선을 바라보고 있다. 바다를 향해 난간에 비스듬히 기대어 있는 그를 정면으로 볼 수는 없지만, 힘없이 벌린 입과 슬픈 눈망울은 엿볼 수 있다. 난간에 올려놓은 그의 손 아래에는 한 마리 새가 있다. 그의 손은 새를 움켜쥔 듯 아닌 듯하다. 이미 죽은 새일 수도 있고 살아 있는 새일 수도 있다. 어쩌면 반인반우의 미노타우로스가 하는 일은 우리 인간의 눈에 항상 이중적으로 보이는지 모른다. 그러나 미노타우로스의 이중성은 그 자신의 동일성이다.

미노타우로스의 탄생은 하나의 온전한 개체의 탄생이다. 그는 개체들 사이에 차이가 있음을 알리는 개체이다. 그 개체는 인간의 동일화 욕구에 슬픈 눈망울로 차이와 다양성의 신호를 보낸다. 그는 혼돈처럼 보이는 미궁의 중심에 생명이 있다고 알린다. 카오스에서 세상이 탄생했다는 메타포는 혼돈이 생명의 근원임을 말해준다. 그 혼돈에는 나름의 질서가 있을 가능성 또한 전제된다.

가시적으로 탄생의 혼돈을 표상하는 미노타우로스를 살해한 테

조지 프레드릭 와츠, 〈미노타우로스〉, 런던 테이트 갤러리 소장, 1885년.

세우스는 하나의 개체로서 생명을 살해했을 뿐만 아니라, 생명계의 거시적 존속의 가능성을 방해한 것이다. 생명계의 다양성을 거부하면 스스로 미궁에 빠진다. 그래서 결국 진짜 무시무시한 미노타우로스를 만나게 될지도 모른다. 테세우스는 미궁에 칼과 실타래를 갖고 들어갈 게 아니라 함께 나눠 먹을 꿀단지를 들고 갔어야 했는지 모른다.

20세기말 자크 아탈리는 새로운 세기를 전망하며 이렇게 말했다. "아마 머지않은 미래에 단백질 미로의 전체적인 모습을 묘사해내고 유전적으로 손상된 부분을 복구할 수 있게 될 것이다. 이 점에서도 역시 신화는 많은 가르침을 담고 있다. 종속 간의 교차교배를 통해 장차 유전적인 미로를 조작하는 사람들은 많은 미노타우로스를 만들어낼 것이다. 어쩌면 그는 한 종속에서 다른 종속으로의 미로 여행을 준비하며 그로부터 일종의 '유전학상의 유목 생활'을 가능하게 할 것이다." 아탈리는 물론 과장하고 있다.

그러나 공상과학의 수준으로까지 생각을 넓히지 않더라도, 별난 개체들의 미래에 대한 물음은 생명체의 공존 능력에 관한 물음이라는 것을 깨달아야 한다. 다시 말해 그것은 생명의 세계가 존재할 수 있는가에 관한 물음이며, 그것이 곧 존재론적인 것이다. 이는 '있음은 있다'라는 동일성 논리에 머무는 게 아니라, '함께 있을 수 있음이 곧 있음'이라는 것을 깨닫는 일이다. 동일자의 존재론이 아니라 차이로서 공존론이다. 개체와 개체들 사이가 곧 차이라면, 각 개체는 차이들 사이에서 공존하는 법을 배워야 한다. 그러려면 인간 중심주의를 체념해야 한다.

어떤 의미에서 인본주의는 인간에게 존재의 의미를 충만하게 해주었지만 세상을 단순화해왔다. 순수한 인간 중심주의를 체념하고 인본주의를 의심한다고 허무주의에 빠지는 게 아니다. 허무주의를 벗어나는 길은 너무도 당연하게 무(無)가 아니라 유(有)를 향하는 것이다. 그것은 '있음'의 다양함과 찬란함을 향하는 길이다.

그렇다고 인간의 소박한 자애심을 버리라는 건 아니다. 월터 워런 와거의 《인류의 미래사》에 등장하는 화자는 '인간을 넘어선 인간'을 상상하면서 '새로운 인간 종'은 "더 이상 인간의 육체를 갖지 않더라도 인간 정신의 계승자"일 수도 있다고 미래의 손녀에게 편지를 남긴다. 그리고 손녀를 위한 할아버지의 맺음말은 "나는 삶을 사랑한단다"라는 것이다.

또한 과거의 인본주의적 가르침도 미래에는 새로운 차원으로 확장될 수 있다. 소크라테스가 가르쳐준 '사정이 어떠하든, 해치지 말라!'는 명제는 인간뿐만 아니라 통시적으로 생명계 전체를 향한 것일 수도 있다. 아마 그래도 좋을 것이다. 생명의 윤리가 '사랑'이 되기 위해서는······.

아프로디테의 신호

섹스(sex)는 언제나 우리를 사로잡는 주제이다
— 제러드 다이아몬드

'그녀'의 탄생

그리스 신화의 아프로디테는 사랑의 여신으로 로마에서는 이탈리아 반도의 옛 여신 베누스와 동일시되었다. 그녀의 탄생에는 두 가지 설이 있다. 호메로스는 제우스와 디오네 사이에서 난 딸이라고 전하지만, 헤시오도스는 그녀의 탄생을 하늘의 신 우라노스에 직접 연계한다. 크로노스가 자른 우라노스의 성기가 바다에 떨어져 정액과 물이 섞인 거품으로부터 여신이 탄생했다는 것이다. 헤시오도스의 《신통기》는 이렇게 전한다.

"우라노스의 남근은 처음에 크로노스가 아다마스의 낫으로 잘라 그것을 파도치는 바닷속으로 던지자 오랫동안 그렇게 파도 위를 떠다녔다. 그러다가 불사(不死)의 살 주위로 흰 거품이 일더니 그 안에서 한 소녀가 자라났다. ……그녀를 신들과 인간들이 아프로디테라고 부르는 것은 그녀가 거품에서 자랐기 때문이고, …… '남근을 좋아한다(philommedea)'라고 부르는 것은 그녀가 남근에서 출현했기 때문이다. 에로스와 아름다운 애욕(Himeros)이 그녀가 태어날 때 배석했고, 그녀가 신들의 종족에게 갈 때 배행했다. 이것이 인간들과 불사신들 사이에서 처음부터 그녀의 몫으로 정해진 명예였다. 소녀들의 밀어, 미소, 속임수, 달콤한 쾌락 그리고 애정과 상냥함 또한 그녀의 몫이다."

이렇듯 아프로디테는 태어날 때부터 어여쁜 미소, 애교와 속삭임, 영악한 속임수, 달콤한 신선미와 관능적 희열 그리고 사랑의 매력 넘치는 모습으로 등장한다. 그래서 그녀는 바람기 넘치는 여신으로 여겨지곤 한다. 군신 아레스와 밀회를 즐기는 바람에 못생긴 남편 헤파이스토스를 오쟁이지게 한 사건은 유명하다. 이 불륜의 사랑에서 공포와 두려움 그리고 조화를 의미하는 데이모스, 포보스 그리고 하르모니아가 태어났다. 헤르메스와의 관계에서는 후에 남성과 여성을 한 몸에 모두 지니게 될 헤르마프로디토스가 태어났다. 또한 로마 신화에 따르면 베누스는 이데 산에서 앙키세스와 사랑을 나누어 로마의 시조 아이네아스를 낳았다.

아프로디테는 또한 미(美)의 여신이다. 파리스의 선택에 의해 가장 아름다운 여신으로 공식화되었지만, 그 사건을 계기로 이 세상에서 가장 아름다운 여인 헬레네를 전쟁을 일으킨 화근으로 만들기도 했다. 트로이아 전쟁은 사랑의 여신이 '아름다움'을 인정받기 위해 '아름다운 여자'를 흥정의 대상으로 삼았기 때문에 사랑의 질투에 휩싸인 '남자들 사이에서 벌어진 전쟁'이었다.

하지만 아프로디테의 이런 애정 행각은 신(神) 중의 신인 제우스의 바람기에 비하면 아무것도 아니다. 제우스의 애정 행각은 두루마리 기록부에 적어야 할 정도인데, 헤라 여신을 아내로 둔 그로서는 이 모두가 불륜 행각이다. 신들의 역사가 이렇게 불륜의 사랑으로 점철되었으니, 인간의 역사도 그렇지 않기는 불가능하리라.

진화론적 추론: 섹스 앤 뷰티

신과 인간의 '이야기'는 '사랑 이야기'가 아니고서는 성립되기조차 불가능한 것 같다. 신화와 문학에서 사랑 이야기를 빼고 나면 무엇이 남겠느냐고 반문하기도 한다. 이전까지 과학자들은 사랑 이야기가 끼어들 틈도 없이 냉철한 이성으로 자연법칙을 다루는 것 같아 보였다. 그러나 오늘날 과학자들은 자연과학의 성과도 '궁극에는' 가장 설득력 있는 사랑 이야기라는 것을 확신하는 것 같다. 그래서 관찰과 실험을 바탕으로 가장 그럴듯한 합리적 설명을 담고 있는 사랑 이야기를 만들어내는 '진화론적 추론'에 몰두한다. '과학적 사랑 서사(이 표현이 과학자들을 화나게 하기보다는 흡족하게 하기 바라며)'는 오늘날 생물학의 주요 과제이다.

현대 생물학자들은 개체군 내 유전자 빈도의 체계적 변화라고 정의되는 하나의 과정과 그 결과로서 세대에 걸쳐 나타나는 동식물의 형태 변화라는 개념으로서 진화라는 단어를 사용한다. 생물학자들은 인간의 유래와 현존을 설명하는 궁극적 원인을 진화론적 관점에서 풀려고 노력하고 있다. 제러드 다이아몬드는 "생리학이나 분자생물학을 가지고서는 오직 근접인(近接因)만을 찾을 수 있다. 궁극인을 설명할 수 있는 것은 진화생물학이다"라고 단언한다. 그는 "이미 여러 번에 걸쳐서 인간의 성(性)적 습성에 대한 중요한 질문들은 모두 생리학적 근접인이 아니라 궁극인에 대한 설명을 요구하는 진화론적 문제라는 사실을 목격해왔다"는 점을 강조한다. 다윈의 진화론을 유전자적 관점에서 새롭게 정리한 스티브 존스의 비유는 좀 더 근본적이다. "에덴동산의 거주자들이 빠졌던 함정인 성(性)은 생물학적 시장이다. 모든 종은 어느 정도 성적 공화국이다."

"이 쉬운 '자연선택(natural selection)'을 생각해내지 못했다니, 이런 바보 같으니!" 토머스 헉슬리가 다윈의 《종의 기원》을 읽고 나서 했다는 말이다. 이 책에서 다윈은 "유리한 개체적 차이와 변이의 보존 및 유해한 것의 파괴"를 '자연선택'이라고 불렀다. 즉 다윈의 말대로 자연선택은 "단지 어떤 생활 조건에서 발생하고, 그 유기체에 유익한 변이를 보존한다는 의미밖에 지니지 않는" 것이었다. 진화 현상을 이해하기 위해서는 다른 요인이 더 필요했다. 그 다른 요인이 바로 '성선택(sexual selection)'이다.

오늘날 과학적 사랑 서사의 선두에 서 있는 진화생물학자들은 여기서 더 나아가 자연선택의 문제들을 성선택으로 환원하는 경향을 보인다. 다이아몬드는 유전적으로 프로그램되는 자연선택은 유전자의 전달을 극대화하는 것이며 대부분의 경우에서 생존이란 단지 유전자를 전달할 기회를 반복적으로 갖기 위한 한 가지 전략에 지나지 않는다는 점을 강조한다. 리처드 도킨스식으로 표현하면, 이기적 유전자는 성선택을 위한 경쟁에서 승리해야 확장된 표현형을 통해 철저한 자기 복제자로서 과업을 이어갈 수 있다. 다이아몬드는 자연선택과 성선택의 과정에서 "즐거움의 원천으로서 섹스나 여성의 폐경은, 인간이 불을 사용하고 언어와 기술을 발달시키며 문자를 발명하는 데 있어서 직립 자세나 커다란 뇌만큼이나 중요한 역할을 했다"고 추론한다.

동물행동학자 다케우치 구미코는, 인간의 언어 능력은 '불륜을 위한 수단'이자 '불륜을 막기 위한 수단'으로 서로 영향을 주고받

포식자의 눈에 잘 띄고 움직이는 데 방해가 되는데도 암컷을 유혹하기 위해 화려하게 발달한 공작 수컷의 꼬리는 다윈의 성선택 개념을 지지하는 대표적인 예이다.

으며 발전해왔다고 본다. 다케우치는 "남자는 여자를 설득하기 위해 언어 능력을 진화시켰고 여자는 남자에 대한 정보를 교환하기 위해 언어 능력을 진화시켰다"고 주장한다. 제프리 밀러는 "진화심리학은 이제부터라도 청교도적인 태도를 버리고 디오니소스적인 태도를 취해야 한다"고 주장한다. 그는 음악, 미술, 현란한 언어, 유머, 이야기 짓기, 창의적 사고 같은 인간의 독특한 능력은 생존의 관점에서 보면 그 필요성이 합리적으로 설명되지 않는다는 점에 착안한다. 이런 능력은 생존의 차원에서는 '과잉적'으로 보이기 때문이다. 하지만 짝짓기와 번식의 관점에서 보면 이런 능력이 성적 선택에서 유리하기 때문에 진화해왔다고 설명될 수 있다. 결론적으로 인간의 마음은 생존 기계로서가 아니라 구애(求愛) 기계로서 진화해왔다는 것이다.

성 환원주의는 일종의 '미(美) 환원주의'에 연결된다. 이에 따르면 우리가 자신과 주변을 아름답게 꾸미는 데에는 성적인 목적이 명시적이든 잠재적이든 반드시 설정되어 있다고 할 수 있다. 성 환원주의에 충실하게 표현하면, 모든 미화(美化)는 '섹스어필(sex appeal)'을 위한 것이라고 할 수 있다.

다이아몬드는 우리가 모르는 사람들로 가득 찬 방 안에 들어설 때 육체적 매력을 발산하는 사람이 누구이고 그렇지 않은 사람이 누구인지 금방 알 수 있게끔 재빨리 작용하는 감각은 섹스어필에 기반을 두고 있다고 한다. 여기서 섹스어필이란 유전자적으로 프로그램되어 있기 때문에 무의식적으로 나타나는 신체적 신호의 총합을 뜻한다. '아름다움의 과학'을 탐구한 울리히 렌츠는 미적 감각이 사회문화적 영향을 받지만, 항상 어느 곳에서나 유효한 법칙과 이론은 존재한다고 주장한다. "아름다움의 공식은 영원한 상수를 포함한다." 그에 따르면 일종의 '뷰티 상수'가 존재하는 것이다.

세계의 근원

사실주의 화가 귀스타브 쿠르베의 '충격적인 그림' 〈세계의 근원〉은 그 분명하게 드러난 표상 때문에 오히려 해석이 구구하다. 그것이 여성의 음부를 국부적으로 조명해 그린 그림이지만 "여기에서 여자의 섹스만을 보거나 음부를 단순히 생물학적이고 성적인 의미로만 보는 사람이 있을까?" 하고 반문하는 속 깊은(?) 평론도 있다. 그림의 소유자였던 자크 라캉은 〈세계의 근원〉을 보고 '닫혀 있는 관(棺)'을 상상했고, 여인의 성(性)이 '비어 있는 중심'임을 간파했다고 한다. 그러므로 그것은 만물의 중심이자 세계의 근원이다. 혹자는 어쩌면 작가 쿠르베도 '비어 있음의 둘레'를 그린 것인지 모른다고 해석하기도 한다. 음모(陰毛)로 둘러싸인 그것은 칠흑 같은 어둠이자 빛이며 경고이자 포용이라는 시적(詩的) 해석도 있다. 이 그림에서 자신의 온몸으로 과거와 미래를 또한 이승과 저승을 감싸 안고 있는 여성의 장엄함을 느끼기도 한다.

하지만 성 환원주의적 진화론의 입장에서 보면, '여성의 생식기라는 사실'과 '세계의 근원이라는 은유' 및 그로부터 파생되는 해석들은 동일한 것의 수사적 반복에 지나지 않는다. 이 말이 쿠르베의 그림처럼 충격적으로 들릴지 모르겠다. 하지만 "우리 인간은 수억 년에 걸친 척추동물의 진화가 우리 성적 습성의 깊은 곳에 아로새겨 놓은 유산을 여전히 지니고 있다고 볼 수 있다. 인간의 예술, 언어, 문화 등은 그러한 유산 위에 덮인 얇은 겉치레에 지나지 않는다"는 제러드 다이아몬드의 주장은 이런 입장을 대변한다. 별다른 은유나 형이상학적 해석 없이도 여성의 생식 기관은 '세계의 근원'인 것이다.

    오늘날 진화생물학의 큰 흐름은 인류 역사의 성적 서술이라고 할 수 있다. 이는 인간 심리의 성적 서술을 시도한 프로이트의 정신분석학을 상기시킨다. 심리학자 에리히 노이만은 14세기 초 이탈리아 베로나 지방의 접시에 채색된 〈베누스의 승리〉라는 그림에서 "여성의 음부를 상징하는 후광 안에 들어 있는 나신(裸身)의 베누스"에 주목한다. 그녀의 주위에는 각 시대의 훌륭한 연인들로 알려진 남자들이 있는데, 그들의 시선은 하나같이 여신을 둘러싼 눈부신 황금빛에도 불구하고 벌거벗은 여신의 작은 성기에 집중되고 있다. 이 그림은 매우 직설적이다. "수컷은 오직 그것만 생각한다"는 진화생물학적 풍자를 떠올리게 한다.

    좀 더 깊은 메타포는 고대의 아프로디테 상에서 찾아볼 수 있다. 〈카피톨리노의 아프로디테〉로 알려진 석상에서 여신은 두 손으로 모성적 원리의 주요 기능을 하는 두 부분을 '가리고' 있다. 즉 오른손은 젖가슴을 가리고, 왼손은 성기를 가리고 있다. 그러나 이러한 형식적 해석은 우리의 고정관념에 영향을 받은 것이다. 조금이라도 주의를 기울여서 보면 이 석상에서 여신은 가리고 있는 게 아니

프락시텔레스, 〈카피톨리노의 아프로디테〉(모조품), 루브르 박물관 소장, 2세기경(왼쪽). 14세기 초 접시에 채색된 그림 〈베누스의 승리〉, 루브르 박물관 소장(오른쪽).

라 궁극적으로 '가리키고' 있기 때문이다. 그녀의 오른팔과 손은 젖가슴 아래에 평행으로 놓여 있고, 왼손은 성기 부분을 사선(斜線)으로 지나 오른쪽 허벅지에 놓여 있기 때문이다. 가림과 가리킴의 이 미묘한 중첩은 우리가 인간을 이해하기 위해 성에 어떻게 접근해야 할지 알려주는 신호인지도 모른다. 성과 사랑의 주제를 탐구하는 일은 섹스가 '세계의 근원'이라는 것을 확인하는 데 머무는 게 아니라, '세계의 진실'을 엿보기 위한 것이다.

미소 없는 얼굴

성 환원주의적 추론은 성을 세속화한다. 여기서 세속화란 긍정적인 의미이다. 과학적 성과가 일상적 인식과 상충하지 않고 잘 들어맞는다는 의미에서 쓴 것이다. 곧 세상의 진실을 많이 담고 있다는 뜻이다. 좋은 성과를 낸 과학은 이런 특징을 지니고 있다. 이는 마치 프리고진이 '시간의 비가역성'에 대한 인식이 일상적이고 세속적인 영역에서 과학의 각 전문 분야로 심도 있게 옮아가는 과정을 긍정적으로 본 것과 같은 입장이다.

우리는 성선택을 경험으로 알고 있었다. 그것은 이론이기 이전에 분명한 경험이었지만 어렴풋이 의식하고 있었을 뿐이며, 그것으로 인간 진화의 역사와 현재 우리의 존재를 체계적으로 설명하거나 이에 대한 과학적 서사를 쓰려고 하지 않았을 뿐이다. 이제 우리는 성 환원주의까지는 아니더라도 성이 과학적 인간 탐구에서 중요한 위치를 차지한다는 의미에서 과감히 이렇게 말할 수 있다. 우리(생명체)가 섹스를 다루지 않는다는 것은 우리가 그만큼 비과학적이라는 뜻이다. 반면 우리가 섹스를 다룬다는 것은 마치 영혼이 뇌에 대해 연구하듯이 자아가 자신(自身)에 대해 탐구한다는 뜻이다.

다른 한편 성 환원주의는 성을 신비화한다. 어쩌면 과학자들은 이 점을 소홀히 하는지 모른다. 성이 생명 세계의 근원인 이상 '그것'에서 '모든 것'의 해답을 찾으려는 유혹에 빠질 수 있기 때문이다. 신비주의는 모든 것의 해답을 품은 듯한 아우라에 근거한다. 진화론은 생명의 역사를 추론적으로 재조립한다. 이에 과학자의 서술 능력은 필수적이다. 성선택에 기반한 진화적 추론은 상당 부분 '관찰된 상식'을 보편화할 수 있는 실증 자료들을 공급하는 작업에 전제되는 것이다. 바로 그렇기 때문에 앞에서 자연선택과 성선택에 기반한 진화론적 추론을 '과학적 사랑 서사'라고 은유한 것이다. 그러기 위해서는 이 서사의 플롯이 다층위적으로 매우 세심하게 구성되어야 한다. 지금 이 주장이 너무 딱딱해지지 않기 위해 이렇게 말해보자. 이제 진화론적 추론이 '단편 연애소설'에서 '장편 추리소설'로 발전해야 할 때가 되었다.

다윈의 시대에 성선택설은 주로 수컷의 성적 특징을 관찰하는 데에서 출발했으며 지금도 그 전통은 어느 정도 이어지고 있다. 다윈은 "일반적으로 가장 세력 있는 수컷, 즉 자연계에서 그 지위를 점하는 데 가장 잘 적응된 수컷은 자손을 가장 많이 남기게 된다. 그러나 많은 경우에서 승리를 결정하는 것은 전체적인 힘이라기보다는 차라리 수컷에 특유한 어떤 무기이다"라고 했다. 탐구 과정의 이런 특성은 어쩌면 암컷 또는 여성의 진실에 접근하는 데에 어떤 학술적 결핍을 가져왔을지도 모를 일이다. 최근의 진화생물학은 발생생물학과 연계되어 좀 더 깊고 넓게 생명의 진실을 알려줄 것으로 기대되고 있다. 그렇다면 남성 중심 과학자들의 세계에서도 여성의 진실에 좀 더 가까워질 가능성이 높아지리라는 기대를 해볼 수도 있다.

이보디보(Evo Devo)라는 애칭으로 불리는 진화발생생물학은 성선택론과 깊이 연계된 미(美) 환원주의에 대해서도 좀 더 과학적인 해석을 제공하리라고 기대된다. 그런데 최근 이 분야의 선두 과학자인 션 B. 캐럴이 펴낸 '새로운 과학, 이보디보(The New Science of Evo Devo)'에 관한 책은 고개를 갸우뚱하게 한다. 캐럴은 자기 책의 제목과 마지막 장(章)의 제목을 다윈의 주저 《종의 기원》 마지막 단락에 있는 문장에서 따왔다. 그 문구는 다윈의 책이 여러 판본을 거치면서도 고스란히 유지된 부분이며 또한 그것이 이보디보라는 새로운 과학의 핵심을 더없이 잘 보여주기 때문이라고 했다.

그 문구는 "최고로 아름답고 무수히 다양한 형태들(Endless forms most beautiful)"이다. 하지만 다윈의 여러 판본들에서 그대로 유지된 부분은 "최고로 아름답고 최고로 경이로운 무수히 다양한 형태들(Endless forms most beautiful and most wonderful)"이다. 캐럴은 임의로 아름다움을 살리고 경이로움을 뺀 것이다. 하지만 나는 다윈의 문장에서 경이로움을 소중히 여긴다(아마 다윈에게도 소중했으리라!). 우리가 추하다고 여기는 생명체들에서도 정말로 놀랄 일들이 벌어지기 때문이다. 그리고 경이로움은 우리를 새로운 사색의 길로 이끌기 때문이다.

나는 그러한 경이를 〈비너스의 탄생〉이라고 알려진 저 유명한 보티첼리의 그림에서도 발견한다. 바다 위에 떠 있는 조개를 밟고 서 있는 사랑과 미의 여신에게서 느끼는 것은 성적 매력도 아니고 외모의 아름다움도 아니다. 형언할 수 없는 경이로움이다. 헤시오도스가 '남근을 좋아한다(philommedea)'라고 한 아프로디테의 별칭은 고대로부터 그녀를 특징 지운 '웃음을 좋아한다(philommeides)'라는 표현을 슬쩍 변형한 것이다. 하지만 보티첼리의 그림에서 여신은 '미소 없는 얼굴'을 하고 서 있다. 그래서 어떤 사람은 그 모습이 무척 슬프다고 한다.

그러나 내게는 그녀가 '무표정이자 무한 의미의 표정'이라서 경이롭다. 신화 속에서 아프로디테는 수많은 물음표를 동반하는 여신이다. 제우스에 비하면 바람둥이라고 할 수도 없으며, 그녀의 사랑 이야기는 몇 되지도 않는다. 아도니스를 향한 그의 사랑은 청순함을 넘어 바보스럽기까지 하며, 피그말리온의 석상을 진짜 여인으로

산드로 보티첼리, 〈비너스의 탄생〉, 피렌체 우피치 미술관 소장, 1486년경.

바꾸어주리만큼 그녀는 속 깊다. 같은 사랑의 신이라고 해도 아프로디테와 에로스의 행동은 너무 다르다. 또한 여신의 분노와 저주 그리고 복수는 성과 사랑 이야기를 넘어서는 의미를 담고 있다.

모호성이 진리의 본질을 구성함을 일깨워준 헤라클레이토스는

"델포이에 있는 신탁의 주재자는 말하지도(legei) 않고, 감추지도(kryptei) 않고, 신호를 보낼(semainei) 뿐이다"라고 했다. 신화 속에서든 고대의 석상에서든 보티첼리의 그림에서든 여신 아프로디테는 말하지도 않고 감추지도 않고 신호를 보낼 뿐이다. 자연과학을 비롯한 현대의 제 학문이 '여신의 신호'를 포착해서 탐구와 사유의 거름으로 삼는 지혜를 발휘할 때, 현대의 진화론적 추론은 과학적이며 동시에 서사적 설득력을 갖는 인류의 '사랑 이야기'를 써나갈 수 있을 것이다. 그 이야기는 어떤 단순함으로 환원하는 것이 아니라, 무수히 다양한 '복합 진화' 또는 '진화적 복잡성(evolutionary complexity)'을 전개하는 그 무엇일 것이다.

편재하는 나르키소스

나르키소스가 그렇게 아름다웠나요? - 호수

오비디우스의 《변신》은 제목 그대로 신과 요정 그리고 인간의 수많은 변신 이야기를 담고 있다. 둔갑술의 귀재인 바람둥이 제우스에서부터 월계수가 된 다프네 그리고 카이니스의 성전환에 이르기까지 온갖 변신의 파노라마를 보여준다. 하지만 그 가운데서 유독 나르키소스의 이야기만은 변신이 아니라 변신하지 못해 비극을 맞는 미소년을 그린다.

"그는 자신을 찬탄의 대상으로 만드는 그 모든 것을 찬탄했다. 그는 저도 모르게 자신을 열망했으니 칭찬하면서 스스로 칭찬받고, 바라면서 바람의 대상이었으며, 태우면서 동시에 타고 있었던 것이다."

'변신 이야기들' 속에서 유독 변신하지 못하고 자기 자신으로만 남아야 하는 존재의 이야기는 슬프다. 나르키소스는 어떤 변신도 배제된 자기 순환의 고리에서 빠져나오지 못하고 결국 비참하게 숨을 거둔다. 나르키소스의 모습이 변했더라면, 그렇게 하나의 모습에 집착하지 않았으리라. 그리고 그것이 이미지의 장난이라는 것을 알아챘으리라. 하지만 나르키소스는 자신을 끈질기게 쫓아다니면서 '소리의 반복'만 할 줄 아는 요정 에코보다도 더욱 비참하게 '모습의 반복' 속에서 외로이 죽어간다.

변신 이야기는 우리에게 다양함과 화려함을 보여준다. 그것이 때론 비극적 결말에 이르러도 이야기의 과정은 밝고 명랑하다. 하지만 '반(反)변신'의 이야기는 어딘지 모르게 암울하고 어둡다. 그래서 존재의 저 심연으로 우리의 사유를 끌어들인다. 고대의 신화 가운데 나르키소스의 이야기만큼 시인들의 입에서 다시 노래가 되어 나온 것도 없다. 철학자들도 그것의 의미를 천착한다. 그것은 현대의 문화 현상을 설명하는 데도 차용된다.

마비된 나르키소스

마셜 매클루언은 미디어 이론을 설명하는 데에 나르키소스의 신화를 차용한다. 그는 나르키소스가 혼수상태나 감각 마비를 의미하는 그리스어 '나르코시스(narkosis)'에서 파생된 말이라는 데에 착안한다. 그래서 이 신화의 핵심은 "인간이 자기 자신이 아니라 자신을 확장한 것에 사로잡히게 된다는 사실"이라고 주장한다. 그러므로 나르키소스가 그 자신이라고 간주했던 대상과 사랑에 빠진다는 것이 나르키소스 신화에 담긴 지혜는 아니라는 것이다. 매클루언은 나르키소스가 그 자신을 사랑했고 또 물에 비친 것이 그 자신이라고 생각했다는 식으로 신화를 해석해온 것에 반기를 든다. 그는 이런 해석 자체가 감각 마비적인 문화의 편견에 사로잡힌 결과라고 본다.

매클루언에 의하면, 젊은 나르키소스는 물속에 비친 자기 모습을 다른 사람으로 착각했다. 이처럼 자신을 확장할 경우, 그 자신의 확장된 이미지나 반복된 이미지를 스스로 제어하기 전까지는 지각이 마비 상태에 빠지게 된다. 숲 속의 요정 에코는 나르키소스의 단편적인 말들을 반복함으로써 사랑을 얻으려 했지만 실패했다. 나르키소스의 감각이 마비되어 있었기 때문이다. 나르키소스는 자신을 확장하는 데 몰두했고, 확장된 이미지에 의해 결국 폐쇄된 체계에 갇히고 말았다. 그러므로 이 신화의 핵심은 인간이 '자신을 확장한 것'에 도리어 사로잡히게 된다는 데에 있다.

수많은 미디어는 인간이 자신을 확장한 것이다. 우리 자신을 기

존 윌리엄 워터하우스, 〈에코와 나르키소스〉, 리버풀 워커 아트 갤러리 소장, 1903년.

술적인 형태로 확장한 것들을 보고, 사용하고, 지각하는 것은 필연적으로 그 확장물을 받아들이는 것이 된다. 라디오를 듣고 텔레비전을 보는 것은 우리 자신의 확장물을 개인적인 체계 속에 받아들이는 것과 같다. 결론적으로 매클루언은 나르키소스 이야기의 은유를 이렇게 본 것이다. 미디어를 통한 '인간의 확장'이 인간 자신을 마비 상태에 이르게 할 수 있다.

물론 영리한 매클루언은 나르키소스 신화의 수많은 버전 가운데 자기에게 편한 것만을 차용했다. 오비디우스는 《변신》에서 어느 한쪽을 주장하지 않았다. 나르키소스의 양면적인 태도를 모두 보존하며 신화를 전하려 했다. 이것은 "그는 저도 모르게 자신을 열망했으니"라는 표현에도 잘 나타나 있다.

오비디우스는 처음에—매클루언이 차용했던 해석처럼—나르키소스가 물에 비친 모습을 다른 사람으로 알고 사랑에 빠져드는 과정을 적나라하게 보여준다. "우리를 갈라놓는 것은 넓은 바다도, 먼 길도, 산도, 성문 닫힌 성곽도 아니다. 약간의 물이 우리를 떼어놓고 있구나. 그대가 누구든 이리 나오라!"

그러다가 나중에 이 미소년의 독백으로 진실을 드러내 보인다. "그는 바로 나야. 이제야 알겠어. 내 모습이 나를 속이지는 못하지. 나는 나 자신에 대한 사랑으로 불타고 있는 거야. 내가 불을 지르고는 괴로워하고 있는 거야. 아, 어떻게 해야 하지?"

호수 이야기

나르키소스가 '어떻게 해야 할지' 모르는 만큼, 사람들은 이 단순하면서도 복잡한 미소년의 전설을 어떻게 해야 할지 몰라 이리저리 해석해왔다. 그 가운데에는 아름다운 해석도 있고, 끔찍한 해석도 있다.

파울로 코엘료의 소설 《연금술사》도 나르키소스 신화로 시작한다. 연금술사는 그 전설을 알고 있었다. 그러나 대상(隊商)들 중 한 명이 가져다준 책에 실려 있는 오스카 와일드의 나르키소스 이야기는 그 결말이 달랐다.

나르키소스가 죽었을 때 그를 애도하고 있는 호수에게 요정들이 찾아와 위로의 말을 건넸다. 나르키소스의 아름다움을 매일 가장 가까이서 볼 수 있었던 호수에게 그의 죽음이 얼마나 슬프겠느냐고. 그러자 호수는 오히려 요정들에게 이렇게 물었다. "나르키소스가 그렇게 아름다웠나요?" 이 의외의 말에 요정들은 되물었다. "그대만큼 잘 아는 사람이 어디 있겠어요? 나르키소스는 날마다 그대의 물결 위로 몸을 구부리고 자신의 얼굴을 들여다보았잖아요!"

호수는 한동안 가만히 있다가 조심스레 입을 열었다. "저는 지금 나르키소스를 애도하고 있지만, 그가 그토록 아름답다는 건 전혀 몰랐어요. 저는 그가 제 물결 위로 얼굴을 구부릴 때마다 그의 눈 속 깊은 곳에 비친 나 자신의 아름다운 모습을 볼 수 있었어요. 그런데 그가 죽었으니 아, 이젠 그럴 수 없잖아요."

"오. 정말 아름다운 이야기다!" 연금술사는 감탄을 터뜨렸다.

책장을 덮으며 나 역시 감탄을 터뜨렸다. 하지만 감탄의 말은 달랐다. "아, 정말 끔찍스런 이야기다!" 나는 현대의 나르키소스 신화에서 극단의 에고이스트들을 본다. 호수와 나르키소스에게는 '자기만' 존재했던 것이다. 그 외의 모든 존재는 배제되었던 것이다. 타자는 나를 비춰주는 매체로서만 가치가 있고 존재 이유가 있었다. 더구나 이 지독한 자기애는 타자를 거침없이 이용하고 타자의 존재도 자아에 귀속시켰다.

매클루언이 이 변형된 버전을 듣는다면 어떻게 생각할까? 그는 컴퓨터에 대해 많은 예측을 했지만, 고도로 확산된 인터넷과 휴대 전화로 대표되는 이동통신 및 멀티미디어의 세세하고 다양한 현상들에 대해서는 예측할 수 없었다. 오늘의 미디어 현상은 나르키소스의 '감각 마비 버전'과 '극단적 자기애 버전'을 합성해야 더 잘 이해할 수 있다.

현대의 나르키소스 신화는 오늘 우리 일상에서 현실화하고 있다. 이는 특히 휴대용 멀티미디어의 자아 집착적 활용과 인터넷 커뮤니티의 집단 배타성에서 관찰할 수 있다. 20세기 말 디지털 시대의 개막과 함께 사람들은 미디어 네트워크를 통한 열린 공동체의 꿈을 꾸었다. 그것은 인터넷에서나 이동통신에서나 마찬가지로 기대했던 것이다. 전문가들은 네트워크의 진정한 가치는 정보보다 공동체에 있다는 점을 강조했다.

하지만 휴대 전화기가 멀티미디어적 성격을 가지면서 각 개인이 홀로 단말기를 조작 사용하는 '나만의 시간'이 늘어나고 있다. 이는 공공장소에서 휴대 전화기를 귀에 대고 있는 사람보다 자기 앞에 놓고 액정 화면을 보며 뭔가 손가락으로 작동하는 사람들의 수가 급속히 늘고 있는 것을 보아도 알 수 있다. 더 나아가 디지털 카메라와 폰 카메라로 타인을 찍는 것 이상으로 자기 자신을 찍는다는 사실은 '디지털 나르시시즘'의 정도를 잘 보여준다.

인터넷 동호회의 특성은 점점 더 집단 나르시시즘의 성격을 띠고 있다. 같은 취향과 성향 그리고 유사한 사고방식의 사람들이 모임으로써, 모임 내적으로는 나와 닮은 상대방의 모습에서 나를 발견하고자 하는 나르시스적 욕구를 충족시키고 동시에 외적으로는 배타적 '닫힌 공동체'를 형성하기 때문이다.

현대의 멀티미디어 나르시시스트들은 디지털 기기의 액정화면에서도 자기 자신을 보고, 동료의 눈동자에서도 자기 자신을 찾는다. 호수와 나르키소스가 서로 자애적 욕구에 도취했던 것처럼 말이다. 매클루언의 음흉한 이론과 코엘료의 순진한 감동을 합쳐서 현대 미디어 사용자들을 표현하면, 자기 확장물과 자기애에 '중독된 나르키소스'가 되지 않을까? 그것이 아직은 '겉보기에' 그럴지도 모르지만 말이다.

안티 나르키소스

오늘날 우리는 이렇듯 나르키소스 신드롬을 일으킬 수 있는 미디어를 일상적으로 사용하고 있다. 그것이 감각 마비를 일으키든 아니면 극단적 자애주의자를 만들든 '나르키소스 미디어'가 널리 퍼져 있는 것은 사실이다. 그런데 우리가 현대 미디어에서 나르키소스의 속성을 보게 되는 것은 현대 이전의 미디어가 그 반대의 성격을 가졌기 때문이 아닐까 하고 의심해볼 수 있다. 현대 미디어 문화 이전의 문자 문화는 적어도 겉보기에 '안티-나르키소스 미디어'의 성격을 가졌기 때문이다.

매클루언에게는 인쇄물인 책도 '인간의 확장물'이다. 그렇다면 감각 마비형 나르키소스 미디어라고 할 수 있다. 하지만 여기서 일상의 세심한 관찰이 필요하다. 책은 매클루언이 주로 관찰한 현대 매스미디어와 다르다. 인간의 확장물이지만 그것을 개인적 체계 속에 받아들이는 정도가 매우 다르기 때문이다. 감각이 마비될 정도로 책 읽기에 빠지는 경우가 보편적인 것은 아니다. 감각이 마비될 정도로 사람을 책 읽기로 몰고 가는 교육적 전통과 제도가 있을 수는 있다. 그러나 책은 독서의 고통을 동반하는 미디어다. 누구에게나 책 읽기가 절로 되는 건 아니다.

이것을 확인하는 방법은 간단한 역사적 고찰로 어느 정도 충분하다. 동서고금을 막론하고 글 읽기나 책 읽기 방식이 다양하게 개발되어왔다는 사실이 그것이다. 정독과 다독의 논쟁에서부터 음독, 묵독, 속독, 남독(濫讀), 소독(素讀), '통합해(syntopical) 읽기'에 이르기까지 그 목록은 짧지 않다. 이것은 물론 지식 습득의 효율성이라는 점 때문이기도 하지만 다른 중요한 이유가 있다. 문자 읽기는 절로 되지 않기 때문이다. 다시 말해 공을 들여야 하기 때문이다.

이는 사람들이 '책 읽기 싫다'는 문제를 쉽게 해결할 수 없다는 사실에 기인한다. 이것은 다른 영상 매체에서 '보기 방식'에 대한 탐구나 논쟁이 거의 없는 것과 매우 대조적이다. 영화, 텔레비전 및 디지털 매체같이 영상과 청음을 함께 사용하는 '감각 종합형 매체'에서는 보고 듣는 일이 스스로 하고 싶어서 절로 되는 경우가 일반적이다. 그러므로 별도의 접근 방식을 개발할 필요를 느끼지 않는다.

독서가들은 '책 읽는 즐거움'을 말하지만, 그건 누구에게나 쉬운 일이 아니다. 혹자는 "독서의 주요 목적은 즐거움을 갖기 위함"이라고 강조한다. 그러나 보통 사람들이 쉽게 그 경지에 이를 수 있는 것은 아니다. 문자 문화에 접근하는 일이 즐거움에 이를 수 있기 위해서는 글 읽기를 극복해야 한다. 글 읽기를 극복하기 위해서는 글 읽는 능력을 키워야 한다. 즉 별도의 '노력'이 필요하다.

독서의 방식이 다양하게 개발된 것도 사람들을 독서에 다가가도록 하는 다각적인 노력이 필요했기 때문이다. 보통 사람이 독서에 중독되는 일은 흔치 않다. 개인적 차원에서 문자 미디어의 감각 마비형 나르키소스 효과는 크지 않은 것이다. 오히려 안티-나르키소스적인 경향이 강하다.

윤리적 자기도취

문자 같은 안티-나르키소스 미디어의 관점에서 전자 미디어를 보면 그것의 나르키소스적 성격이 더욱 드러난다. 안티-나르키소스 미디어에 친숙하기 위해서는 별도의 '노력'이 필요하다는 사실은 또한 그 자체로 대단한 윤리성을 내포하고 있다. 이제 이 점을 잘 관찰할 필요가 있다.

책으로 대표되는 문자 문화는 그 자체로 매우 강한 윤리 의식을 전파하는 미디어다. 더구나 '노력의 문제'는 선과 악을 구분하는 세계관 및 인생관과 밀접하다. 우리는 역사적 사실에서 또한 개인적 경험에서 나쁜 것은 절로 되고, 좋은 것은 애를 써야 이루어진다는 것을 알고 있다. 우리 일상생활을 살펴보면 이런 명제가 적용되는 크고 작은 실례들을 발견할 수 있다. 좋은 것을 얻으려면 때와 상황에 맞추어서 어떻게든 애를 써야 한다. 그렇지 않으면 절로 나쁜 것이 된다.

좀 더 과장해서 말하면, 노력의 주제는 윤리 세계의 절반쯤을 차지한다고 할 수 있다. 인간사에서 윤리성은 대별해서 다음 두 가지 경우에 부상하기 때문이다. 첫째는 하고 싶은 것을 하지 말라고 할 때이고, 둘째는 하기 싫은 것을 하려고 할 때이다. 전자는 대개 전통적 계율에서 찾아볼 수 있다. 십계명이 그 대표적 예이다. 이 경우에도 인내와 절제의 노력이 필요하다. 다른 한편 능동적이고

주세페 아르침볼도, 〈라이브러리언〉, 스웨덴 스코클로스테르성 소장, 1566년.

적극적인 노력의 과제는 바로 후자에 해당된다. 그러므로 문자 문화와 그것에 친숙해지는 것, 또는 책과 독서를 위한 노력은 본질적으로 윤리성을 강하게 내포하고 있다. 그럼으로써 문자 문화는 문화사적으로 오랫동안 정신적 우월성을 지닌 채 지배적 문화로서 군림할 수 있었다.

또한 오늘날 문자 문화의 수호자나 책의 애호가들은 그 도덕적 우월성 때문에 쉽게 문자 문화의 쇠퇴와 책의 종말을 인정하지 않으려는 심리의 영향을 받고 있다. 즉 문자 문화의 '윤리적 관성'이 있는 것이다. 책의 실체가 사라지고 있다고 의식할수록 문자 문화 속에서 성장한 윤리성은 근본주의적 관습으로 무장한 채 더욱 굳건히 버티려고 한다. 오늘날 시각 중심의 문자 미디어와 감각 통합형 멀티미디어의 대립은 본질적으로 윤리적 전망의 대립인 것이다.

하지만 오늘날 우리는 안티-나르키소스 미디어로서 문자 문화에서도 역설적으로 '돌아온 나르키소스'를 발견하게 된다. 문자 문화의 윤리적 관성은 문자 문화도 또 다른 차원에서 자기도취적 나르키소스가 되었다는 것을 보여주기 때문이다. 나르키소스의 신화가 이렇게 편재(遍在)할 줄이야!

오랜 역사 속에서 튼튼하게 자리 잡은 윤리 기준은 이제 '자기애'의 굴레에서 벗어나야 한다. 비극의 나락으로 떨어지지 않기 위해 변신할 때가 온 것이다. 그러기 위해서는 현재의 윤리 체계가 뿌리를 두고 있는 전통적 인간관계에서뿐만 아니라 물질과 인간 사이에서, 물질과 물질 사이에서, 물질적 성과의 다양한 매개 현상에서 새로운 윤리관을 위한 사유의 씨앗들을 성실히 거두어야 한다.

나는 앞서 '중독된 나르키소스'나 '안티-나르키소스 미디어'라는 정의를 사용할 때도 '겉보기에'라는 말을 빼놓지 않고 전제했다. 우리는 문자 문화의 윤리적 자기애 때문에 문화적 변화의 겉보기 운동만을 보는지도 모른다. 여기에 머물면 도처에 있는 나르키소스의 망령들을 떨쳐낼 수가 없다. 우리는 전자 유비쿼터스 시대에 '편재하는 나르키소스(Ubiquitous Narcissus)'의 신화를 넘어서야 한다. 그러기 위해서는 자기애의 중독으로부터 고개를 돌리는 반성이 필요하다. 오비디우스의 외침을 되새기는 반성이…….

"돌아서보라! 그러면 그대가 사랑하는 것도 없어지리라."

디오니소스와 포도주의 인식론

아름다움의 생물학적 기능을 이해한
철학자를 원한다면, 니체를 읽어라 - 제프리 밀러

헤시오도스는 《신통기》에서 디오니소스의 탄생 기원에 대해 간략하게 전하고 있다. "카드모스의 딸 세멜레는 제우스와 사랑으로 교합하여 당당한 아들을, 많은 즐거움을 주는 디오니소스를 낳아 주었으니, 죽게 마련인 여인이 불사의 아들을 낳았던 것이다. 그러나 지금은 둘 모두 신이다." 여기서 헤시오도스는 인간의 여인에게서 태어난 디오니소스의 신성을 인정하고 있다. 인간 어머니에게서 태어나 올림포스 열두 신 안에 든 경우는 디오니소스뿐이다. 올림포스 열두 신은 전승마다 조금씩 다르지만, 파르테논 신전 지역의 장식물에는 헤스티아 여신을 대신해서 디오니소스가 자리하고 있다. 헤시오도스는 디오니소스와 아리아드네의 관계에 대해서도 "황금빛 고수머리의 디오니소스는 미노스의 딸 금발의 아리아드네를 꽃다운 아내로 삼았다"라고 간단하게 전한다.

호메로스도 《일리아스》와 《오디세이아》에서 디오니소스를 지나치듯 부수적으로 언급할 뿐이다. 다만 《일리아스》에서 제우스가 헤라에게 "세멜레는 인간들의 기쁨인 디오니소스를 낳아주었소"라고 말하는 대목은 흥미롭다. 디오니소스의 특성을 보여주기 때문이다.

반면 로마의 시인 오비디우스는 《변신》에서 박쿠스(디오니소스 또는 박코스)에 얽힌 이야기들을 다양한 신화의 소재와 함께 다룬다. 우선 박쿠스의 탄생에 대해서도 자세히 다룬다. 임신한 세멜레가 유노(헤라)의 계략에 빠져 유피테르(제우스)에게 원래의 위대하고 영광스런 모습을 보여달라고 졸랐던 일과, 유피테르가 세멜레의 청을 들어주겠다고 약속한 것을 후회하며 어떻게든 덜 강력하고 덜 무서운 모습으로 나타나려 했으나 세멜레는 유피테르의 등장으로 일어난 "하늘의 소동을 견디지 못하고" 번갯불에 타죽었다는 이야기를 상세히 전한다. 지아비는 여인의 자궁에서 아이를 꺼내 자신의 사타구니 안에 넣은 후 꿰맸고, 날 달이 되자 그곳에서 아이를 꺼냈다.

이 일화는 에우리피데스의 비극 《박코스의 여신도들(Bakchai)》

에서 코로스가 노래한 바 있다. "제우스께서 즉시 그분을 탄생의 은밀한 곳으로 받아들이셨으니 / 제우스께서는 그분을 자신의 넓적다리에 감추시고 / 황금 걸쇠들로 봉합하여 헤라 몰래 숨기셨던 것이라네." 디오니소스의 탄생은 아테나와 함께 아버지 제우스의 몸을 빌려 태어난 특이한 경우에 속한다. 지혜의 여신 아테나가 제우스의 머리를 뚫고 태어난 것과는 달리 디오니소스는 아버지의 생식기 부근에서 태어났다. 이런 연유로 그는 동식물과 인간에게 에너지를 공급해주는 생명력을 대변하는 신으로 간주된다.

오비디우스는 테바이의 왕 펜테우스의 이야기 역시 자세히 전하고 있다. 펜테우스는 박쿠스 축제를 무시하고 박쿠스의 신성을 부인했다가 몸이 갈기갈기 찢겨 죽는다. 《변신》에는 미니아스 왕의 딸들이 박쿠스가 유피테르의 아들이라는 것을 부인하고, "진정한 신들은 무엇이든 할 수 있다. 그러나 박쿠스는 그들 축에 들지 않는다"라고 했다가 역시 비참한 결말을 맞는 이야기도 실려 있다. 디오니소스가 신성을 인정받기 위해 투쟁하는 일은 그와 연관된 이야기에 자주 등장한다.

디오니소스는 헤라의 저주를 받아 한때 미치광이가 되어 떠돌아다니는 신세였다. 그러다가 프리기아에서 키벨레 여신의 환대를 받아 광기에서 벗어났다. 그러나 그 후에도 디오니소스는 기존의 권력자들에게 푸대접을 받았다. 그는 트라키아 지역의 리쿠르

미켈란젤로 다 카라바조, 〈박쿠스〉, 피렌체 우피치 미술관 소장, 1597년(왼쪽). 미켈란젤로 다 카라바조, 〈병든 박쿠스〉, 로마 보르게세 미술관 소장, 1593년(오른쪽).

고스 왕이 자기를 무시하자 신의 위력을 보여주기 위해서 왕을 미치게 만들었다. 그는 인도를 정복할 때도 반은 신적이고 반은 군사적인 원정을 했다. 그가 어디든지 끌고 다니는 승리의 행렬은 바로 이 정복에서 유래한 것이라고 한다.

디오니소스가 헤시오도스와 호메로스에서 별로 언급되지 않았다는 사실과 신성을 인정받기 위해 그가 행했던 여러 가지 일 등을 볼 때, 디오니소스는 이방인의 신으로서 나중에 올림포스 신의 대열에 편입된 것이라고 추정할 수도 있다. 다른 한편, 디오니소스는 매력적인 신이다. 그는 특히 농부들에게 사랑을 받았다. 디오니소스는 풍요와 수확을 상징하며 생명력의 신이다. 디오니소스 축제는 도취와 환희 그리고 성적인 쾌락과 함께한다. 그렇기 때문에 공동체의 권력자에게 그는 기존 질서에 대한 위협이자 사람들의 평상심을 흔들어놓는 유혹의 마법사로 간주되었다. 디오니소스는 외모조차 일탈적이다. 숱이 많은 긴 머리와 소녀 같은 모습으로 묘사되기도 하고, 가끔 야성이 넘치는 짐승의 모습을 취하기도 한다.

디오니소스는 이상하다. 하지만 디오니소스는 유혹한다. 철학적 사유의 세계에서도 이상하면서 매력적인 디오니소스의 의미를 새롭게 도입하려는 시도가 있었다. 19세기 중반 프리드리히 니체가 《비극의 탄생》에서 설파한 '디오니소스적인 것'의 의미는 그리스 비극의 기원과 본질에 대한 문헌학적 연구를 넘어서 존재와 세계의 의미에 대한 근원적인 탐구이자 형이상학적 패러다임을 제시하려는 시도였다. 철학사에서 니체로부터 그 용어와 개념이 정립되었다고 할 수 있는 '디오니소스적인 것'의 의미와 함께 '아폴론적인 것'의 의미 또한 새롭게 조명되었다. 이 한 쌍의 개념은 서구의 학문과 예술 분야에 큰 영향을 끼쳤으며, 그만큼 다양한 해석과 오해를 낳기도 했다.

그런 데에는 니체의 문체와 시대의 변화에 대한 위기의식도 큰 몫을 했다. 니체가 종종 '합리적이지 않은' 또는 '비합리적인' 사상가로 여겨지는 이유도 상당 부분 그의 문체에 기인한다. 위기를 극복하려는 니체의 열망은 들끓는 사유를 언어에 싣는 데 거침이 없었다. 한때 그 스스로도 치기를 드러내 보이며 자랑했듯이, 그는 글을 워낙 잘 쓰기 때문에 소통의 현란함을 가져오기도 했다. 어쩌면 이런 표현이 사상가-저술가로서 니체에 걸맞은 것일지 모르겠다. 니체는 사유로 시대의 혼란을 정리하고자 한 것이 아니라, 시대의 혼란을 사유로 가득 채우려 했다.

니체의 생각

니체는 《비극의 탄생》을 이렇게 시작한다. "예술의 발전은 아폴론적인 것과 디오니소스적인 것의 이중성과 결부되어 있다. 이러한 사실은 생식(生殖)이 지속적으로 투쟁하면서도 화합하는 남녀 양성에 의존하는 것과 흡사하다." 이 말은 아폴론적인 것과 디오니소스적인 것이라는 짝말과 쌍개념의 관계에 대한 통찰의 실마리를 제공한다. 니체는 아폴론적인 것과 디오니소스적인 것을 단순한 대립 관계가 아니라 대립의 긴장 속에 공존할 수밖에 없는 두 원리로 인식한다. 니체가 후기 사상으로 갈수록 디오니소스적인 것에 경도되는 경향을 보이는 것은 사실이지만, 적어도 《비극의 탄생》에서 니체는 두 극단 사이에서 균형 있는 통찰을 보여준다.

그러므로 니체의 이 텍스트를 해석하는 데 오해의 여지는 그리 많지 않다. 오히려 그의 말을 따라 가다 보면 아폴론적인 것과 디오니소스적인 것의 공생적 관계의 본질을 파악할 수 있다.

"서로 성격을 달리하는 이 두 종류의 충동은 대체로 공공연히 대립하면서 서로가 항상 새롭고 보다 힘 있는 탄생물들을 낳도록 자극하면서 평행선을 이루며 나아간다. 이러한 탄생물들 속에서 저 대립의 투쟁은 영원히 계속되며, '예술'이라는 공통의 단어가 이러한 대립을 단지 외견상으로만 연결시켜 줄 뿐이다. 그 두 충동은 그리스적인 '의지'의 어떤 형이상학적인 기적을 통해서 결국에는 서로 짝을 맺게 되며, 이러한 결혼을 통해서 최종적으로 아폴론적이면서도 디오니소스적이기도 한 아티카 비극 작품이 산출되는 것이다."

니체는 이 두 충동을 보다 잘 이해하기 위해 우선 그들을 '꿈'과 '도취'라는 서로 분리된 예술 세계로서 사유한다. "인간은 꿈의 세계를 산출한다는 점에서 완전한 예술가이다." 꿈의 세계가 제공하는 아름다운 가상은 조형 예술과 서사시의 전제 조건이다. 그리스인들은 꿈의 경험에 수반되는 기쁨을 모든 조형력의 신인 아폴론의 원리에 따라 형상 속에 표현했다. '빛나는 신' 또는 '빛의 신'을 의미하는 아폴론은 "내적 환상 세계의 아름다운 가상까지도" 지배한다. "대낮의 현실이 불완전하게만 이해되는 것에 반해 내면의 환상 세계는 보다 높은 진리와 완전성을" 갖기 때문이다. 이것이 삶을 가능하게 하고 예술을 가치 있게 만든다. 그러므로 아폴론적인 것은 외적 형상과 내적 조화의 아름다움을 구현한다.

아폴론적 형상에는 섬세한 절도, 격정으로부터의 자유, 지혜에 넘치는 평정이 있어야 한다. "아폴론의 눈은 자신의 기원에 걸맞게 '태양과 같아야만 한다'. 그가 성난 눈으로 불쾌하게 바라볼 경우에도 신성하고 아름다운 가상이 그에게 서리어 있는 것이다." 그러나 아폴론적인 것은 개별적 형상의 완성과 아름다움이다. 그것은 세계의 보편적 실재를 그대로 반영하지 않는다.

그러므로 이러한 형상이 신뢰를 상실할 때, 엄청난 전율이 엄습한다. 이러한 전율에 "자연의 가장 깊은 근저로부터 용솟음친 황홀감"이 결합할 때, 우리는 디오니소스적인 것의 본질을 엿볼 수 있다. 그 본질은 "도취라는 현상을 실마리로 가장 쉽게 설명될 수 있다." 니체는 모든 원시 민족의 찬가에는 '디오니소스적인 흥분'을 일깨우는 힘이 있다고 한다. 그것은 "마취성 음료의 작용을 통해서 또는 자연 전체를 환희로 채우며 생명체에 스며드는 강력한 봄기운을 통해서" 나타날 수 있다.

니체가 보기에 모든 원시인은 디오니소스적인 에너지를 엄청나게 부여받고 있었다. 고대 세계의 어떤 지역에서든 풍습에 따라 조금씩 다르기는 하지만 디오니소스적 축제를 발견할 수 있다. 대부분의 축제는 원시적이고 자연적 본능의 분출과 성적 방탕함을 특성으로 하고 있었다. 그러나 유난히 아폴론적인 것에 경도된 점에서 그리스인들은 특별났는데, 이 기괴할 정도로 거친 디오니소스적인 힘 앞에서 "아폴론은 메두사의 머리를 방패로 삼아 그에 대항할 수 있었다." 그리스인들에게는 "디오니소스적인 것의 거인적이고 야만적인 본질에 대한 끊임없는 저항 속에서만 그렇게 반항적이고 냉담하며 보루로 둘러싸인 예술" 또한 가능했던 것이다. 나아가 니체는 그 두 충동이 그리스적 의지의 어떤 형이상학적인 결합으로 결국 서로 짝을 맺게 되며 그것이 예술 작품에도 나타난 것이라고 본다.

아폴론적 그리스인이 통감하지 않으면 안 되었던 것은 아폴론적인 것의 존재는 모든 아름다움과 절도를 갖추고 있었음에도 불구하고 원초적 의지와 그에 따른 고뇌의 인식이라는 숨겨진 토대에 근거하고 있다는 사실이었다. 이 숨겨진 토대는 저 디오니소스적인 것을 통해서 다시 모습을 드러내게 된다. 니체는 외친다. "그리고 보라! 아폴론은 디오니소스 없이는 살 수 없었다!"

따라서 니체는 그리스인들의 특징적인 예술 형태, 곧 비극에서 "아폴론적인 것과, 디오니소스적인 것 사이의 난해한 관계는 진정 두 신의 형제 결의라는 것으로 상징될 수" 있음을 강조한다. "디오니소스는 아폴론의 언어로 말하지만 종국에 이르러서는 아폴론이 디오니소스의 말을 한다. 이와 함께 비극과 예술 일반의 최고 목표가 달성된 것이다." 니체는 오히려 "비극 속에서 두 예술신이 맺는 형제 결의와 청중이 받게 되는 아폴론적이며 디오니소스적인 감동"을 포착할 줄 몰랐던 그리스 예술의 조야한 해석자들을 비판한다.

음악 정신으로부터 비극이 탄생함을 깨닫기 위해서도 니체는 음악적 비극의 특유한 예술적 작용 중에서 아폴론적 환상 또는 착각(Illusion)을 강조해야만 한다고 말한다. 이러한 착각에 의해서 우리는 원초적인 디오니소스적 음악과 직접적으로 하나가 되는 것을 비켜가며, 음악적 흥분은 아폴론적 영역과 그것 사이에 놓인 가시적인 중간 세계로, 곧 비극의 무대로 발산될 수 있다. 그럼으로써 "아폴론적 예술은 음악 정신에 의해서 날개를 얻고 하늘 높이 올려진 바로 그곳에서 그 자신 예술적 힘을 최고로 상승시키며, 아폴론과 디오니소스의 저 형제 결의 속에서 아폴론과 디오니소스의 예술적 의도 또한 극치에 도달한다."

니체의 예술철학은 물론 존재의 기초로서 디오니소스적 기반을 인정하는 형이상학을 전제한다. 아폴론적인 것과 비교할 때 디오니소스적인 것이야말로 현상의 세계 전체를 소생시키는 영원하고 근원적인 예술의 힘으로서 나타나기 때문이다. "모든 존재의 저 기초, 즉 세계의 디오니소스적인 기반은 저 아폴론적인 미화 능력에 의해서 다시 극복될 수 있는 한도에서만 개별적인 인간에게 의식될 수 있다. 따라서 이 두 예술 충동은 영원한 공정의 법칙에 따라서 서로 엄격하게 비례를 유지하면서 자신의 힘을 발휘하게끔 되어 있다. 우리가 지금 체험하고 있는 것처럼 디오니소스의 위력이 극히 맹렬하게 상승되어가는 곳에는 아폴론도 구름에 싸여서 이미 우리에게 내려와 있음에 틀림없다. 아마도 다음 세대는 아폴론의 가장 풍요로운 미적 작용들을 보게 될 것이다."

그러면서 니체는 '그리스인들'에게 감탄조로 묻는다. "델로스의 신 아폴론이 그대들의 주신찬가의 광기를 치유하기 위해서는 이러한 마술이 필요하다고 생각했다면 그대들 사이에서 디오니소스는 얼마나 위대한 존재였겠는가?" 그리고 꿈속에서 고대 그리스인의 삶 속에 들어온 이방인에게 말을 건네는 아테네 시민을 가장하며 《비극의 탄생》을 이렇게 결론 맺는다. "이 민족이 이처럼 아름답게 될 수 있기 위해서 이 민족은 얼마나 괴로워해야 했던가. 지금 나를 따라와 비극을 보고 나와 함께 두 신에게 제물을 바치세!"

베일과 포도주

니체는 아폴론적인 것과 디오니소스적인 것 사이의 긴밀하고 긴장감 넘치는 공생을 설파했다. 물론 이런 공존은 대립을 전제한다. 사람들은 이 대립의 양상에 더 큰 관심을 가져왔으며, 그것을 즐겨 도식화해왔다. 이는 일면 니체 자신이 그들의 대립적 성격을 현란한 언어와 교묘한 비유로 설명한 데에도 기인한다. 이런 도식화는 아폴론적 밝음과 절도에 대한 디오니소스적인 어둠과 혼돈, 아폴론적인 실존의 균형과 평정에 대한 디오니소스적인 생명의 변화와 역동성, 아폴론적 개성과 개별화에 대한 디오니소스적 도취와 황홀경 속의 혼연일체 등의 의미 구분을 시도한다. 또는 니체의 사상에서 쇼펜하우어의 영향을 부각시키며, 디오니소스적인 것과 아폴론적인 것을 각각 의지와 표상, 본질과 현상, 진리와 가상에 상응시키기도 한다.

포스트모더니즘을 불러온 '극단의 예언자'로 니체를 지목했던 앨런 메길은 "아폴론적인 것과 디오니소스적인 것은 개념이라기보다는 상징이며, 특정한 X와 Y를 지시하는 정확한 기호라기보다는 다중심적인 의미 체계"라고 한다. 그는 의미 체계의 큰 틀 안에서 각기 다른 방향으로 움직이는 세 개의 대립을 관찰한다. 그 가운데서 두 종류의 대립은 니체의 해석자들이 일반적으로 다루는 것이다. 그 하나는 아폴론적인 형식주의와 디오니소스적인 무형식주의이다. 이는 니체가 아폴론적인 것은 형상을 갖지만 디오니소스적인 것은 그렇지 않다고 말한 데에도 잘 나타나 있다. "조각가 및 그와 친척 관계에 있는 서사시인은 형상들에 대한 순수한 관조 속으로 침잠한다. 디오니소스적 음악가는 어떠한 형상도 갖지 않는다."

 여기서 우리는 두 번째 대립이 어떤 것인지 짐작할 수 있다. 그것은 '저 빛나는 자' 또는 '빛의 신'이라고 불리는 아폴론의 시각적 편향과 디오니소스의 비시각적 편향의 대립이다. 이를 디오니소스의 특성을 생각해서 표현하면, 니체 자신도 '거대한 대립'이라고 불렀던 아폴론적인 것의 가시적 편향과 디오니소스적인 것의 청음적 편향의 대립이라고 할 수 있다. 이 같은 대립은 19세기 낭만주의 시대부터 20세기 포스트모더니즘이 부각될 때까지 사상사에서 여러 번 반복되고 다양한 방식으로 변형되어 나타났다.

 세 번째 대립은 메길에게 결정적 중요성을 가진 것이다(이는 니체 사상의 해석자들에게도 그렇고 무엇보다도 니체 자신에게도 그렇다). 왜냐하면 니체의 눈에는 아폴론이 저 '빛나는 자(der Scheinende)'일지라도, 그는 또한 환상의 신이기도 하기 때문이다. 니체는 여기서 독일어 '샤인(Schein)'의 이중적 의미를 활용한다. 그것은 '빛'일 뿐만 아니라 환상 또는 가상도 의미하기 때문이다. 니체는 "쇼펜하우어가 마야의 베일에 사로잡혀 있는 사람들에 대해서 말하고 있는 것은 약간 벗어난 의미에서이기는 하지만 아폴론에 대해서도 타당할 것"이라고 한다. '마야(maya)'는 산스크리트어로 환상 또는 환영을 의미한다. 아폴론은 인간을 "마야의 베일"로 감싸 저 근원적 두려움과 고통의 현실로부터 보호해준다. 니체가 말했듯이,

'벨베데레의 아폴로'라 불리는 대리석상으로 기원전 4세기의 조각가 레오카라스의 작품을 모사한 것, 로마 바티칸 박물관 소장, 기원전 4세기(왼쪽). 튀니지의 로마식 바닥 모자이크에 그려진 후광에 둘러싸여 있는 아폴론, 2세기 말(오른쪽).

아폴론적 문화는 "강력한 환영들과 즐거운 환상들을 통해서 세계관의 무서운 깊이와 고뇌에 대한 가장 큰 감수성에 승리를 거두어야만 했다." 니체의 뛰어난 수사에 매료된 메길을 비롯한 니체의 해석자들은 아폴론이 인간의 삶에 필수불가결한 환상을 창조한다면, 디오니소스는 마야의 베일을 '거두고', 그럼으로써 직접적이고 매개되지 않은 채로 현실에 참여할 수 있는 길을 열어준다고 보았다. 디오니소스적인 도취에 빠질 때 사람들은 아폴론적인 질서와 차별의 세계가 사실은 디오니소스적 세계를 은폐하고 있는 것뿐이라는 사실을 온몸으로 깨닫게 된다고 보았다.

이런 시각에서 보면, 아폴론은 베일을 씌우지만 디오니소스는 베일을 벗기는 데 머물지 않고 니체의 말대로 "마야의 베일을 갈기갈기 찢어"버린다. 아폴론적인 것은 인간 삶의 원초적인 것을 은폐하고 디오니소스적인 것은 그것을 폭로한다. 아폴론적인 것이 꿈같은 형상 또는 착각을 일으키는 환상으로 은폐하는 것은 원초적이고 본능적이며 자연적인 것이다. 디오니소스적인 것은 도취의 상태에서 아폴론의 베일을 찢고 원초적이고 본능적이며 자연적인 것을 드러낸다.

이 세 번째 대립을 인정하면 니체 사상의 자연주의적 성격 또한 부인하기 어렵게 된다. 니체가 디오니소스적인 것을 강조하기 위해 자연주의적 수사를 동원하는 것을 우리는 도처에서 관찰할 수 있다. 앞에서도 보았듯이, 그는 아폴론적인 것을 교정하기 위해 디오니소스적인 것을 도입하면서 "자연의 가장 깊은 근저로부터 용솟음친 황홀감"이라고 표현한다. 디오니소스적인 것을 자연적인 것과 일치시키는 니체의 열정적 주장은 그리스 비극이 음악 정신으로부터 탄생했다는 예술론의 결론에서도 흔들림이 없다. '디오니소스적으로 흥분된 대중 전체의 상징'으로서 그리스 비극의 코로스는 "자연의 최고의 표현이며, 자연의 디오니소스적 표현이다. 따라서 그것은 자연처럼 열광 상태 속에서 신탁과 지혜의 말을 한다."

그러므로 그것은 "세계의 심장부로부터 진리를 선포하는" 것이다. 니체는 초기 그리스 비극의 합창단이 사티로스만으로 구성되었다는 점 또한 이런 관점에서 해석한다. "사티로스는 자연의 모사이자 자연의 가장 강한 충동의 모사이고, 자연의 상징이며, 동시에 자연의 지혜 및 예술의 고지자이다."

어쩌면 니체도—치열하게 합리성을 추구하는 과학자를 포함하여 수많은 사람들이 그랬듯이—자연의 불가항력적인 '인식적 인력' 때문에, 자연이라는 것의 '이유 없는 매력' 때문에, 항상 피신하고 안주할 수 있는 터전으로서 자연이라는 선입견 때문에, '매우 안이하게' 자연의 개념을 궁극적 진리의 기준으로 삼았는지 모른다. 나아가 어떻게 해서든 '자연적인 것'의 승리를 확인해주는 사유 방식과 언어를 찾으려고 했는지 모른다.

그러나 우리는 여기서 디오니소스적 입문에 필수적인, 곧 디오니소스적인 도취의 세계로 들어서는 관문 역할을 하는 것이 무엇인지 잊어서는 안 된다. 그것은 포도주이다. 니체는 디오니소스적인 흥분은 '마취성 음료의 작용'을 통해서 나타날 수 있으며, 그것은 원시 종족의 풍습에서도 확인할 수 있다고 했다. 그리스인들에게는 포도주가 그런 작용을 했음은 더 말할 나위도 없다.

그러나 놀랍게도 니체 자신이 디오니소스적인 것의 의미를 설파할 때나 니체의 해석자들이 그의 이론을 해석할 때나 어느 누구도 디오니소스를 이해하는 데 필수적인 핵심 요소, 곧 포도주의 의미에는 주목하지 않았다. 디오니소스가 주신(酒神)이라고 수없이 언급하면서도 아무도 그 의미를 포착하지 않았다.

그 의미는 포도주가 고도의 문화적 성과라는 것이다. 포도주는 산물(産物)이다. 곧 자연적인 것이 아니다. 포도는 자연적일 수 있다. 하지만 그것도 아주 드물게 그럴 수 있다. 사실 포도주를 생산하기 위한 포도의 재배 역시 고대로부터 지금까지 상당한 수준의 농사(agri**culture**) 기획과 조직 없이 가능하지 않았다.

찰스 다윈은 '인간의 유래'를 설명하면서 인간의 문화적 특성을 아주 잘 보여주는 것으로 세 가지 활동을 들었다. 그것은 술 빚기(brewing), 빵 굽기(baking), 글쓰기(writing)이다. 이들은 전혀 자연적이지 않기 때문이다. 다윈은 "아이의 종알거림에서 알 수 있듯이 인간은 말을 하려는 본능적 성향이 있지만, 어떠한 아이도 술을 빚거나 빵을 굽거나 글을 쓰려는 본능적 성향을 갖고 있지 않다"는 점을 강조한다. 물론 아이들은 본능적으로 먹고 마시려고 한다. 그러나 본능적으로 빵 굽는 기술을 발휘하지 않으며 술을 빚기는커녕 알코올 기운이 있는 술을 마시려 하지도 않는다.

제빵, 주조, 작문, 이 세 가지 활동의 특별한 공통점은 무엇인가? 다름 아닌 '발효'의 기술이다. 다윈은 '기술'이라는 점을 강조한다(다윈이 우리나라 사람이었다면 '김장'을 예로 들었으리라!). 더구나 발효 문화는 인간의 지혜와 노력이 일정 수준에 이르러야 가능한 것이다. 그것은 고도의 기술로서 가능한 것이다. 수많은 시행착오와 실수를 다양한 지식과 세심하고 줄기찬 노력으로 극복해서 얻을 수 있는 것이다. 또 한 가지 주목해야 할 것은 술의 문화적 의미는 술의 생산에 그치지 않는다는 사실이다. 술을 마시는 일은 자연적이지 않다. 처음 술을 대하는 사람이라면 그것을 거부하는 것이 오히려 자연스럽다. 술을 마시는 것은 자연적 의지가 아니라 문화적 의지의 표현이다. 술을 마시는 일은 문화적으로 유도되어야 한다.

디오니소스도 니사에서 자라면서 포도 재배법과 포도주 만드는 법을 배우고 익혔다. 즉 문화적으로 습득했다. 자연에 있는 그대로의 것을 '발견'한 것이 아니다. 그리고 그는 이집트, 시리아, 인도 등 세상을 편력하며 두루 포도 재배법을 가르쳤다. 디오니소스로부터 포도주 제조 기술을 배운 최초의 인간은 이카리오스였다고 한다. 이카리오스는 정원사였는데, 디오니소스가 헤라 여신에게 쫓겨 돌아다닐 때 그를 따뜻이 맞아준 덕에 그 기술을 전수받았다. 그 또한 여기저기 돌아다니며 농부들에게 포도나무 재배술과 포도주 주조술을 가르쳐주었다.

헤시오도스도 《일과 날》에서 포도 재배와 포도주 담그기가 공을 들여야 한다는 사실을 상세히 보여준다. "그대는 포도송이들을 모두 따서 집 안으로 가져가시라. / 그것들을 열흘 낮 열흘 밤 햇볕을 보이고 나서 / 닷새 동안 덮어두었다가 엿새째 되는 날 / 즐거운 디오니소스의 선물을 독에 담도록 하시라." 이는 포도의 수확에서 포도주 담그기까지 공을 들이는 문화적 측면을 잘 보여준다.

  호메로스의 《오디세이아》에서 폴리페모스의 일화는 유명하다. 키클롭스들의 섬에 간 오디세우스와 동료들은 그들 가운데 가장 무시무시한 폴리페모스를 포도주에 취해 잠들게 한 다음 그의 외눈에 커다란 말뚝을 박아 눈멀게 하고는 도망쳤다. 폴리페모스는 언젠가 오디세우스라고 불리는 자의 손에 시력을 잃게 될 것이라는 신탁을 받은 적이 있었다. 그래서 그는 덩치 크고 용맹한 사내가 나타날 줄 알고 그를 기다리고 있었다. 그런데 실제로는 왜소하고 꾀 많은 오디세우스가 포도주를 이용하는 꾀를 냈기 때문에 신탁이 실현되었다. 이 대목에서 눈이 멀게 된 폴리페모스가 오디세우스를 향해 한 말은 흥미롭다. "지금 한 왜소하고 쓸모없고 허약한 자가 나를 포도주로 제압한 다음 눈멀게 했구나. 자! 이리로 오라, 오디세우스여! 나는 너에게 접대 선물을 줄 것이며 대지를 흔드는 포세이돈 신께 부탁드려 너를 호송해주시게 할 것이다. 나는 그분의 아들이며 그분께서도 내 아버지이심을 자랑스럽게 여기시니까." 여기서 폴리페모스는 자신을 '포도주로 제압한' 자에게 오히려 경의를 표한다. 그는 자연적으로 '주어진 것'에 머문 자가 아니라 뭔가 '이루어낸 자'이기 때문이다.

이제 디오니소스적인 것의 의미로 돌아가보자. 니체는 포도주를 매개로 도취에 이르면 아폴론적인 베일은 벗겨지고 저 원초적이고 자연적인 것이 드러난다고 한다. 술과 음악에 도취한 자는 열광 상태에서 자연의 진실을 드러내고 세계의 심장부로부터 진리를 선포하는 자라고 한다. 또한 포도주에 취한 사티로스를 자연의 상징으로 삼는다. 니체의 언어는 이것을 반복적으로 묘사하며 현란하게 춤춘다. 니체의 해석자들도 덩달아 춤춘다.

그런데 우리는 아주 간단한 것에서부터 물음표를 달아볼 수 있다. 니체는 "아직 어떠한 인식도 이루어지지 않았고 아직 문화의 침투도 받지 않은 자연, 이것을 그리스인은 사티로스 안에서 보았다"고 한다. 사티로스가 자연의 야성을 간직한 자라면, '술 취한 사티로스'는 얼마나 자연적일까? 다시 말해 '문화적 산물'로 변화를 가져왔다면 그것은 원초적이고 자연적인 것일까? 그것이 아무리 열광과 황홀을 가져올지라도 말이다. 아니, 열광과 황홀감 그리고 광기는 자연적인가? 술 취한 사티로스는 문화적 흡입을 거쳤으므로 오히려 자연으로부터 더 멀어진 것은 아닐까? 술 취한 자가 원초적이고 자연적인 것을 드러낸다는 근거는 어디에 있는가? 술 취한 자는 술 취한 상태를 보여줄 뿐 아닌가?

니체는 '너무나 당연한' 고정관념 때문에 자기 이론의 핵심이 될 근본적인 것에 대한 물음을 던지지 않았다. 그것은 니체의 해석자들도 마찬가지다. 니체는 예술을 인간의 산물로 보고 신화를 예술 자체의 의식적인 산물로 보았음에도 불구하고, 그의 표현처럼 "활기를 불어넣어 주면서도 동시에 관조적인 기분으로 이끄는 기가 막힌" 포도주가 기술적 문화적 '산물'임을 간과했다. 나아가 니체는 디오니소스적인 것은—그 자신 확실히 의식하지 못했지만 결국에는—문화적 산물을 매개로 해서 드러난 자연임을 설파하면서도 그것이 무엇을 의미하는지 전혀 숙고하지 않았다.

포도주에 의한 도취로 원초적이고 자연적인 것이 드러날 수 있다고 하는 것은, 높은 수준의 문화적 매개를 통해서만이 자연적 본질에 가까이 갈 수 있다고 하는 것과 같다. 그러나 문화적으로 매개된 것은 이미 문화적인 성격을 갖는다. 니체는 아직 매개체가 일정 성과의 내용에 관여하고 때로는 내용을 결정한다는 인식론적 입장을 갖지 못했다. 그는 포도주에 의한 도취 상태가 아폴론적 베일을 찢는다고만 생각했지(여기서 디오니소스가 '진리의 폭로자'라는 오해는 발생한다), 그것이 또 다른 베일을 씌우거나 또 다른 베일을 불러올 수 있다는 생각은 하지 못했다. 포도주의 도취는 황홀감과 광기를 불러일으킬 수 있다. 그것은 또 다른 '베일'일 수 있다. 원초적 욕망과 광기는 문화적으로 만들어질 수 있다. 그것은 일정 방식의 문화적 베일을 쓰는 것과 같다. 포도주를 마시면 '삶의 다른 차원'이 보이지만, 그것이 원초적 욕망의 표출이고 근원적 진리라는 보장은 없다.

니체보다도 앞선 시대에 시인 휠덜린은 어쩌면 니체보다도 더 열광적으로 '포도주 신(Weingott)'을 위한 시를 지었다. 휠덜린은 저 유명한 〈빵과 포도주〉에서 궁핍한 시대에도 시인들은 "포도주 신의 성스러운 사제들과 같다"라고 한다. 그러면서 "가득 찬 술잔"과 "더욱 대담한 삶"을 병치시킨다. 포도주의 힘으로 디오니소스의 정기를 받아 표출하는 삶은 있는 그대로의 자연스런 삶이 아니라 '더욱 대담한 삶'이다.

니체가 생각하지 못한 것은 이런 것이다. 구성에 참여하지 않는 것처럼 보이는 매개체가 구성에 참여한다는 사실 말이다. 디오니소스적인 폭로는 사실 디오니소스식의 구성일 수 있다. 왜냐하면 디오니소스적인 것은 전적으로 부정하는 힘이 아니라, 원초적이고 자연적인 것의 의지를 내세우는 힘이기 때문이다. 이때 매개체로서 포도주는 폭로의 기제가 아니라 구성의 기제이다. 베일을 걷어내는 것이 아니라 내부로부터 뭔가 새로 만들어내는 기제이다. 그래서 혼신의 창조적 도취가 가능하다. 포도주는 진리의 황홀을 드러내는 게 아니라 만들어낸다. 포도주는 다른 차원을 볼 수 있도록 해주는 촉매이다. 그것은 진리의 폭로를 위한 것이 아니라 '대안적 진리'를 위한 매체이다.

니체는 "삶과 세계는 미적(美的) 현상으로서만 정당화된다"라는 입장을 견지했다. 니체가 말하는 '미적 삶'은 원초적 본능의 향유를 포함한다. 이런 점에서 자연주의적 요소를 품고 있다. 하지만 그것을 위해서도 문화적 매개가 필요하다. 마치 디오니소스 추종자들이 포도주라는 고귀한 농산물(agri**cultural** product)을 매개로 원초적(이라고 간주하는) 광기를 즐기듯이.

니체의 주장대로라면 디오니소스적 발현은 '문화적 형상'을 취하지 않는다. 그러나 '문화적 매체'를 거친다. 그리고 그것은 새로운 형상을 만드는 데 관여할 수 있다. 니체는 형상보다 매체가 훨씬 더 강력한 힘을 발휘할 수도 있으며 '새로운 형상'의 표출에 깊이 관여할 수 있다는 것을 간과했다. 니체의 《비극의 탄생》은 궁극적으로 인식론적 문제를 제기한다. 니체가 주장하듯이 그것이 미학적인 문제라고 할지라도 결국 미학적 인식의 문제이다. 또는 인식의 미학적이자 예술적 차원의 문제이다.

문화적인 것들

횔덜린은 디오니소스를 '미래의 신'으로 묘사했다. "빵은 지상의 결실이지만 빛의 축복을 받은 것이며, / 포도주의 기쁨은 천둥의 신으로부터 태어난 것이다. / 그렇기에 우리는 지금도 옛날처럼 천상의 신들을 그리워하노라. / 한때 지상에 강림하셨고 가장 빛나는 때에 재림하실 신들을. / 그렇기에 옛적의 신을 향한 찬미는 꾸며낸 것이 아니라는 듯, / 가인(歌人)들도 옛날처럼 변함없이 마음을 다해 포도주 신을 찬양하는 것이리라. // 그래! 바로 그가 낮과 밤을 화해시키고, / 천상의 별들을 영원히 인도한다고 그들은 정당히 노래하고 있다." 적지 않은 낭만주의 작가들이 디오니소스를 미래의 신으로 묘사했으며 이는 니체의 철학 정신에도 깔려 있다.

이것은 고대 그리스에서 디오니소스가 '예언의 신'으로 받들어진 데에 그 기원이 있다. 에우리피데스의 《박코스의 여신도들》에서 눈먼 예언자 테이레시아스는 테바이의 펜테우스 왕에게 경고한다. "그 신은 또한 예언의 신이시기도 하오. 박코스적 황홀과 광기는 많은 예언력을 내포하고 있기 때문이오. 그 신은 어떤 사람의 몸속으로 많이 들어가면 그 사람을 미치게 하여 미래사를 말하도록 만드시니까요." 여기서 우리는 이 점을 놓치지 말아야 한다. '미래의 신'은 매우 문화적인 것이다. 자연은 미래를 말하지 않는다. 스스로 그대로 있을 뿐이다. 미래를 기획하거나 전망하거나 예견하지도 않는다. 미래에 연관된 이 모든 것은 문화적 작업이다.

니체는 종종 아폴론적 성취든 디오니소스적 성취든 그것을 마법에 비유한다. 아폴론적인 것에 대해서 "서사적-아폴론적인 것의 힘은 너무나 강력해서 가장 가공할 사물들조차도 가상에 대한 저 즐거움과 가상을 통한 구원으로 마법을 걸어서 우리 눈앞에서 찬란하게 변용시켜버린다"고 한다. 그러나 한편 "디오니소스의 마법은 아폴론의 활동을 최고도로 자극하여 가상을 만들어내게 하지만, 이 아폴론의 넘치는 힘을 강제로 자신에게 봉사하게" 할 수 있다. 마법은 예술적 차원에서도 중요하다. "마법에 걸리는 것은 모든 극예술의 전제"이기 때문이다.

우리는 마법이 원시적이고 주술적이라는 데서, 또한 시간을 거슬러 올라간 세계의 환영에 도취될 수 있다는 데서 그것이 자연에 가깝다는 착각을 한다. 니체의 언어도 이런 착각을 즐겨 유발한다. 그러나 마법은 그런 세계의 통로로 작동하기 위해 고도의 기술을 지닌 문화적 매개체의 위상을 지녀왔다. 마법의 본질은 기술이다. 그러므로 자연적인 것이 아니라 문화적인 것이다. 마법사들에 관한 책을 쓴 카트린 크노도 "마법은 관습적인 사고의 저 너머를 재발견하는 기술"이라고 한다. 고대로부터 마법은 대자연을 제어하는 기술을 갖고자 했다. 그것을 함축된 상징 언어로 나타낸 것이 주문(呪文)이다. 이를 보아도 마법의 기예적·문화적 성격은 잘 드러난다.

이상 우리가 '베일과 포도주'의 화두로 살펴본 아폴론적인 것과 디오니소스적인 것의 '대립 관계'는 '문화적 관점'에서 보아야 그 핵심을 이해할 수 있다. 또한 매개체의 역할과 마법의 기능처럼 둘 사이의 상반된 특성보다는 유비적 성격을 잘 보아야 한다. 예를 들어 디오니소스적인 특성인 도취, 신들림, 황홀경의 상태는 또한 아폴론적 세계의 특징이기도 하다. 아폴론 신전에서 신탁을 전하는 여사제 피티아는 월계수 잎(이는 도취의 매체를 상징할 수도 있다)을 씹으며 망아(忘我)의 황홀경 속에서 여러 가지 말을 중얼거리며 종교적 소통 행위를 수행한다. 신탁의 내용은 압도적 정서에 자신을 내맡겨버리는 황홀경 속에서 시처럼 표현된다. 그리스의 여러 신들 중에서 예술적 창조성과 매우 밀접한 신이 아폴론과 디오니소스이다. 둘 모두 시, 음악, 춤에 영감을 불어넣는다. 다만 그들의 예술적 스타일이 다르다. 아폴론과 디오니소스는 모두 영감을 불어넣는 신이고 예언의 신이다. 표면상 대립적으로 보이는 두 신 사이의 이러한 유사성은 제우스의 두 아들 사이에 근원적으로 존재하는 동일성을 암시하는지 모른다.

그러므로 문화적 형상과 베일로서 아폴론적인 것과 원초적이며 자연적인 것으로서 디오니소스적인 것의 대립에 집착하는 일은 두 세계에 대한 깊이 있는 이해에 걸림돌이 될 수 있다. 앞서 우리는 디오니소스적인 것 또한 매우 문화적임을 보았다. 굳이 대립의 언어와 상징을 활용한다면, 둘 사이의 대립은 문화적인 것 사이의 대립이라고 할 수 있다. 둘 사이에는 '문화의 베일'과 '자연의 포도주'라는 대립이 있는 것이 아니라, 상호 문화적 표출에 의한 문화적 긴장, 대립, 혼합, 결연(結緣)이 있음을 이해해야 한다. 그래야만 니체의 인식론적 한계를 넘어설 수 있는 가능성이 떠오른다.

이러한 인식론적 고찰은 또한 니체의 핵심적 고민이었던 니힐리즘과 진리에 대한 접근성의 문제를 좀 더 잘 이해하고 설득력 있게 비판할 수 있게 한다. 니체에게 긍정적 의미의 니힐리즘은 창조적 의지와 연관된다. 그에게 허무주의의 가장 지고한 형태는 "진정한 세계는 없다"는 극단적 인식이지만, 바로 여기에서 삶을 아름답고 의미 있게 창조하고자 하는 의지는 발동한다. 허무의 인식이 불러오는 포기 상태를 거부하고, 존재의 의미를 제공하는 세계가 없다는 것을 한탄하는 대신에 그러한 세계를 가능한 한 미적으로 창조해야 한다. 이것은 허무를 붙들고 있는 것이 아니라 허무 위에서 노래하고 춤추는 것과 같다. 그렇게 하는 자는 존재의 예술가가 된다. 이것은 자연적 제약과 실존적 한계를 넘어서려는 노력이다. 이 필요성을 인정하는 순간 사람은 창조적 사유와 예술적 삶의 세계로 들어설 수 있다. 문화적으로 가치 있는 존재가 됨으로써 허무주의를 극복할 수 있는 것이다.

니체에게 진정한 세계는 없다는 허무주의의 극단적 인식은 시대적인 것만이 아니다. 그것은 근원적인 것에 대한 인간 인식의 결함에 근거한다. 실재를 알 수 없고 진리를 볼 수 없다는 인식론적 자아이 그 바탕에 깔려 있는 것이다. 그러므로 우리는 '허구'와 '기만'을 미적으로 의미 있게 구성해야 한다. 진정으로 존재하는 근원적인 일자(一者)는 "매혹적인 환상이나 즐거운 가상을 필요로 한다." 현실에서 이러한 일을 주도하는 것은 아폴론적인 것이다. 태양을 바로 보려다가 눈이 부신 나머지 얼굴을 돌릴 때 일종의 치료제로서 눈앞에 어두운 색깔의 반점을 보게 되듯이, 아폴론적 베일은 "자연 내부의 가공스런 것들을 들여다본 눈이 만들어낸 필연적인 산물이다."

한편 디오니소스적인 시도는 이 베일을 찢어버리려고 하는 것이다. 베일을 찢어버리려는 시도는 강렬하고도 끈질기게 이어지지만 또한 때때로 중단된다. 그처럼 끊임없이 매개되지 않은 채로 실재의 심연을 엿보는 일은 너무나 두렵고 위험하기 때문이다. 여기서 니체의 섣부른 절충주의가 등장하지만 제대로 작동하지 않는다. 앞서 보았듯이 디오니소스적 시도 역시 포도주에 의해 매개된 것이기 때문이다. 아폴론의 베일은 지속성을 보장하지만 허상일 뿐이며, 디오니소스의 노출은 실상이지만 제한된 기회만을 제공한다는 절충주의는 니체 이후의 사상에서 수없이 반복되는 도식화 작업을 가져왔다.

이제 아폴론적인 것과 디오니소스적인 것이 모두 문화적 매개를 거친 의지이자 표출이라는 것을 인정한다면, 둘 사이의 대립을 보는 시각은 훨씬 더 유연한 렌즈로 다양한 인식의 가능성에 열려 있을 수 있다. 아폴론은—디오니소스적인 것을 은폐하는 기능만을 하는 것이 아니라는 점에서—아폴론적인 것을 다양하게 드러내 보이며, 디오니소스는—원초적 진실을 노출하거나 자연적 진리를 폭로하는 것만은 아니라는 점에서—디오니소스식으로 뭔가를 드러내 보인다는 사실을 깨닫게 되기 때문이다.

심연의 유혹

니체는 실재에 대한 직접적 인식의 가능성을 항상 의심했다. 그러면서도 디오니소스를 통해서 존재의 심연(深淵)을 보려고 했다. 실재는 알 수 없다고 하면서도 그 심연을 보려는 이런 분열적 태도는 니체의 인식론을 특징 지우며 삶 전체를 동반했다.

니체는 세계에 대한 유일하게 타당한 객관적인 지식은 존재하지 않으며 세계에 대한 다양한 해석만이 존재한다고 생각했다. 지식이 '실재의 거울'이 아니라는 의식은 그에게도 있었다. 그는 "거울 자체를 검토하려는 경우 우리는 결국 거울에 비친 사물만을 발견할 수 있을 뿐이며, 이 사물들을 파악하려는 경우 우리는 거울만을 파악할 수 있을 뿐이다"라는 명제가 지식의 역사를 대변한다고 믿었다. 더구나 개념을 매개로 해서 실재에 접근할 수 있다는 이론적 태도는 니체에게 거의 경멸의 대상이었다. 본질적으로 미적인 범주인 아폴론적인 것과 디오니소스적인 것은 모두 개념을 매개로 한 세계의 이해를 거부한다. 디오니소스적인 것은 경험적 현실에 직접적으로 참여하려는 충동을 상징한다. 아폴론적인 것은 일반적인 경험보다 더 진실되고 더 심오한 현실을 보여준다고 생각되는 세계(니체의 표현에 의하면 '꿈'과 '환상'의 세계)를 표출하고자 하는 충동을 상징한다. 그 어느 쪽도 전적으로 개념을 매개로 하는 이론의 세계와는 어울리지 않는다.

그러므로 니체는 소크라테스의 합리주의를 편향적으로 비판한다. 니체가 볼 때 "압제적 논리가"인 소크라테스는 개념화 과정에서 배제해버리는 것이 너무 많다. 따라서 해결 가능한 문제의 영역이 너무 좁다. 소크라테스의 합리주의적 전환은 아폴론적인 것의 제한이자 왜곡이며 타락이다. 그것은 논리적 도식주의의 고치 속으로 아폴론적인 것을 위축한다. 이는 디오니소스적인 것에도 상처를 입힌다는 것을 뜻한다. 세상을 분명히 직시하려고 하지만, 좁은 시야에 예술적 열정으로 타오른 적도 없는 소크라테스의 "키클롭스 같은 외눈박이 눈"은 결코 '디오니소스적 심연'을 들여다볼 수 없기 때문이다.

그러나 니체가 간과하는 것이 있다. 심연은 모든 탐구자들이 그 매력에 심취했던 어떤 대상이라는 사실이 그것이다. 그리고 심연

우주의 심연을 형상화한 그림.

을 오랫동안 꿰뚫어 보기 위해 탐구자들은 즐겨 '외눈박이 눈'의 시선을 가지려 한다는 사실이 그것이다. 고대의 자연철학자부터 현대 과학자에 이르기까지 그들에게는 '심연의 유혹'이 존재한다. 어쩌면 아폴론적인 것과 디오니소스적인 것 사이에 구분이 생기는 이유도 광휘와 심연의 차이일지 모른다. 아니 그것이 바로 그들 사이의 '자연적인' 차이일 것이다.

우리는 자연 현상에 대한 이해와 비유만으로도 아폴론적인 것과 디오니소스적인 것의 본질적 성격을 간파할 수 있다. 밝은 대낮에 우리는 태양과 태양의 효과들만을 대자연에서 관찰할 수 있다. 그것은 환상적이라고 할 만큼 휘황찬란하게 다양한 세상을 드러내 보여준다. 태양의 광휘는 그대로 노출되는 앎의 상징이다. 백일하에 모든 것이 드러난다. 하지만 그것이 너무 밝기 때문에 우리는 달을 볼 수 없다. 수많은 별들도 볼 수 없다. 이런 이유로 사람들은 아폴론적인 것의 은폐성을 의심한다. 그러나 은폐의 목적만으로 태양이 빛나는 것은 아니다. 아폴론은 자기 충족적 발광체이다.

낮은 우리에게 '저 빛나는 세상'을 선사하지만, 밤은 우리에게 '저 깊은 곳'을 선물한다. 밤하늘은 검고 깊다. 그러나(또한 그래서) 우리에게 우주의 심연을 볼 수 있게 한다. 고대 자연철학자들의 깊이 있는 탐구는 사실 밤하늘을 보면서 시작되었다. 학문은 밤에 이루어졌다. 그곳에서 그들은 천체의 운행을 관찰하고 그 검은 하늘이 얼마나 광대한지 경이로운 명상에 잠겼다. 심연의 유혹이 존재의 의미를 탐구하는 시발점이었다. 이것은 근대 철학자 칸트의 말에도 오롯이 담겨 있다. 칸트는 "자신이 계속해서 숙고하면 할수록 점점 더 새롭고 점점 더 큰 경탄과 외경으로 마음을 채우는 두 가지 것이 있다"고 했다. 그것은 "내 위의 별이 빛나는 하늘과 내 안의 도덕 법칙이다." 밤의 심연은 파고들어야 하는 앎의 상징이다. 우리는 광휘를 수용하지만, 심연에는 흡입된다. 저 깊은 곳으로 빨려 들어감의 쾌락, 심연의 유혹은 뿌리치기 힘든 것이다.

인식의 역사에서 밤의 어둠과 심연에 심취하는 디오니소스적인 성향은 새로운 것이 아니다. 다만 니체는 이것에 인문주의적 색채를 진하게 입혔다. 인간의 삶과 생명력 그리고 그것의 원천으로서 성적 쾌락과 탐미주의를 열광적으로 추구했다. 그것은 '자궁의 상상적 깊이'만큼이나 깊은 심연의 세계에 대한 갈망이었다. 그것은 생명력 가득한 심연의 유혹에 화답하는 일이었다. 디오니소스적 심연은 천공의 깊이에서 인간 생명력 근저의 깊이로 차원 전환을 한 것이다. 그것은 니체에게 원초적 본능의 의미를 회복시키기 위한 철학의 사명이 되었다.

니체가 미래의 중요한 과업이 "지식을 통합하고 본능으로 만드는 것"이라고 한 것은 이제 당연해 보인다. 니체는 자신의 환원주의적 욕망을 숨기지 않는다. "마치 프로메테우스의 형인 거인 아틀라스가 지구를 등에 짊어지듯이, 갑자기 밀려온 디오니소스적인 것의 밀물이 개체라는 개개의 작은 물결의 산을 자신의 등에 업는다. 말하자면 아틀라스가 모든 개체들의 아틀라스가 되어서 그것들을 넓은 등 위에 싣고 점점 더 높이, 점점 더 멀리 나르려는 거인적 충동이 프로메테우스적인 것과 디오니소스적인 것의 공통점이다."

우주의 심연에서 세계와 존재에 대한 궁극의 답을 찾으려는 경향과 원초적 본능의 심연에서 생명에 대한 궁극의 답을 찾으려는 성향은 오늘날도 지속된다. 원초적이고 본능적이며 자연적인 것

구에르치노, 〈천구를 들고 있는 아틀라스〉, 피렌체 바르디니 박물관 소장, 1646년경.

으로서 디오니소스의 심연은 생명을 연구하는 오늘의 학자들에게도 영감을 준다. 진화심리학자 제프리 밀러는 다윈의 성선택 이론을 재해석해서 인간의 삶에 적용하는 데에 니체 같은 지적 영웅들로부터 많은 아이디어를 빌려 왔다고 고백한다. 밀러가 "진화심리학은 이제부터라도 청교도적인 태도를 버리고 디오니소스적인 태도를 취해야 한다"는 '디오니소스적 전환'을 주장할 때 니체의 흔적은 분명해 보인다. 그는 좀 더 구체적으로, 니체가 열거한 이교도 도덕의 핵심 요소들이 놀라울 정도로 성선택된 적응도 지표들과 흡사해 보인다는 사실을 주장한다. 그 요소들은 "힘으로서의 도덕, 유혹으로서의 도덕, 구애 에티켓으로서의 도덕"이다.

디오니소스적 심연으로서 원초적 본능은 분명 궁극의 답을 찾고자 하는 탐구자에게 매력적인 것이다. 그래서 그는 즐겨 심연을 꿰뚫어 보는 외눈박이 눈의 시선을 가지려 한다. 그리고 '매체로서 포도주의 인식론적 특성'에서 보았듯이 성(性)의 심연은 우주의 심연에 비교해보더라도 발견보다는 훨씬 더 '발명적' 요소를 지닌다.

지식의 역사는 궁극의 답을 찾으려고 노력하지만 언제나 궁지에 몰리는 역사일지 모른다. 모든 탐구의 문화는 심연의 유혹이 있어서 매력적이다. 그리고 또 한 가지, 그 심연에 '비극의 암호'가 담겨 있어서 '어쩔 수 없이' 매혹적일지도 모른다. 니체는 "비극은 저 아득히 멀리서 들려오는 애수의 노래에 귀를 기울인다"고 했다. 그 노래는 "광기, 의지, 비통함이라는 존재의 어머니들에 대해서 이야기한다"고 했다. 그 노래를 기꺼이 듣자고 했다.

우주의 심연을 탐구하는 물리학자 스티븐 와인버그는 "우주를 이해하면 할수록, 우주는 그만큼 또 요령부득인 것처럼 보인다"고 한다. 그러면서도 우주를 이해하려는 노력은 "인간의 삶에 다소나마 비극적 품위를 주는 아주 드문 일 가운데 하나"라고 한다. 생명의 심연을 탐구하는 생물학자 스티브 존스는 "진화의 창조력에는 어두운 면이 있다"고 한다. 하지만 바로 그 점이 생명력 넘치는 세계를 유지시킨다. 심연에 매혹된 인간이라는 탐구자는 어쩌면 심연으로 파고 들어갈수록 '비극적 아름다움'을 발견하는 것으로서 자족해야 하는 존재인지도 모른다.

스핑크스와 인간의 초상

태초에 수수께끼가 있었다 - 김진효

    진리에의 의지는 인간을 수수께끼 앞에 서게 한다. 태초에도 뜻 모를 말이 있었다. 신화 속 수수께끼도 인간이 자신과 세계를 알아가는 방식이다. 스핑크스는 테바이 시 서쪽 피키온 산의 신전 기둥 위에 자리 잡고 지나가는 사람에게 수수께끼를 내어 답을 못 하면 목 졸라 죽이곤 했다. 그는 이렇게 물었다. "한때는 네 발로, 한때는 세 발로, 한때는 두 발로 걸으며, 일반적인 법칙과는 반대로 발이 많을수록 약한 존재는 무엇인가?"

    인간을 알기 위해서는 '외래적 시선'이 필요하다. 베르나르 베르베르가 말하듯이, "인간과 다른 존재들의 시선을 빌려 인간에 관해 이야기하는 것은 언제나 유익하고 흥미로운 일이다." 그것은 인간에 대한 성찰이나 반성의 마르지 않는 원천이기 때문이다. 이것은 신화 해석자들의 오랜 궁금증, 곧 '스핑크스가 왜 어린아이도 풀 수 있는 그렇게 쉬운 수수께끼를 냈을까?' 하는 의혹에 어떤 시사점을 던진다. 그 수수께끼의 의미는 질문과 답에만 있지 않고, 질문하는 자와 답하는 자의 관계에도 있다. 답을 당연히 알아야 하는 자에게 답을 몰라도 되는 자가 묻고 있기 때문이다. 스핑크스는 반인반수(半人半獸)의 시선으로 인간의 정체를 묻는다. 질문 밖에 있는 자가 질문의 답 안에 있는 자에게 '너 자신을 알라'고 한다.

　스핑크스의 수수께끼는 인간의 다양한 차원을 보여준다. 이는 인간은 환원적으로 이해할 수 없음을 뜻한다. 그 수수께끼는 인간은 무엇이었으며, 무엇이 될 것인가 하는 물음을 내포한다. 일설에 의하면 스핑크스는 두 번째 수수께끼도 냈다고 한다. "두 명의 자매가 있는데, 한 명이 다른 한 명을 낳으며 이 한 명이 다시 다른 한 명을 낳는 것은?" 첫 번째 수수께끼가 인간 안을 향하고 있다면, 두 번째 수수께끼는 인간 밖 세계의 비밀을 묻고 있다.

네 발의 인간

　오늘날 인간의 인간 자신에 대한 관심은 극단적 양상을 보인다.

혹자는 '인간 없는 세상'을 상상하고, 혹자는 '급진적 진화'로 변해가는 인간의 미래를 예측한다. 그 어느 경우라도 '인간은 무엇이었는가?' 뒤돌아볼 필요가 있다.

스핑크스는 네 발로 기던 한 개인의 유년기를 회상하라고 수수께끼를 낸 게 아니다. 스핑크스의 수수께끼는 '네 발의 은유'로 인간 자연의 역사를 돌아볼 것을 요구한다. 인간의 얼굴과 가슴을 하고 있지만 사자의 몸을 네 발로 지탱하는 스핑크스는 잘 알리라. 인간은 짐승이었다는 것과 그것의 유전자적 특징을.

인간은 금수의 상태로부터 너무 멀리 와버려서, 인간성의 고귀한 잣대로 모든 것을 재단한다. 인성을 벗어난 행동을 하는 사람을 '짐승만도 못한 놈'이라고 규정한다. 그러나 생물학자는 말한다. "새벽이 밤을 어슴푸레하게 만들듯이, 역사의 한낮에 등장한 인간성은 그에 앞서 존재했던 동물성을 어둠 속으로 되돌려 보낸다. 그러나 우리는 인간이 동물임을 의심하지 않는다." 가지의 가느다란 끝은 그 가지를 탄생시킨 둥지와 뿌리를 점차 잊게 한다. 하지만 둥지와 뿌리는 여전히 존재한다.

인간의 뿌리를 상기하는 것은 일차적으로 네 발로 기는 모든 동물과의 연관을 살피는 일이다. 그러면 우리는 다른 동물과 인간을 불연속이 아니라 연속적으로 인식하게 된다. 이것은 과학적 진화론을 수용하는 데 그치는 일이 아니다. 인간의 타자성을 어디까지

창이라는 '도구'를 들고 있는 오이디푸스의 모습이 흥미롭다. 장 오귀스트 도미니크 앵그르, 〈오이디푸스와 스핑크스〉, 루브르 박물관 소장, 1808년.

연속적으로 인식하고 실천할 것인지 판단해야 하기 때문이다.

인간이 짐승의 상태를 서서히 벗어나면서 타자를 인식하고 배려하는 도덕성이 발달해왔다. 그와 함께 인간의 존엄 의식도 성장해왔다. 하지만 이런 타자성은 인간 사이에서만 유효했다. 먼 옛날부터 인간은 자연과 동화하는 삶을 인생철학으로 삼을 만큼 자연을 존중해왔거나 자연을 망치면서도 자연을 존중해야 한다는 강박관념을 유지해왔다. 하지만 인간이 자연을 존중한다는 말은 너무나 추상적이어서 구체적 사실들은 무시되었다. 인간은 자연을 위대한 타자로 인정하면서도 대자연을 유지하는 데 참여하는 동물들을 '짐승 같은 놈'의 비유만큼이나 하찮게 여겨왔다.

이제 우리가 우리 자신이 겪어왔을 '네 발'의 자연사를 상기한다면, 오늘날 과학자들이 제기하는 이런 질문에 봉착함을 피할 수 없다. "짐승과 인간의 연속성을 믿는다면, 우리의 생존을 위해 인간과 동류의 생명체를 이용할 수 있는 권리가 우리에게 있는가?" "인간과 인간이 아닌 존재 사이에는 분명한 경계가 없다는 것을 믿는다면, 인간과 동류의 생명체들이 사는 숲을 남벌할 권리가 있는가?" "우리가 '생명을 옹호한다'고 할 때, 왜 항상 '인간의 생명을 옹호하는 것'으로만 받아들이는가?" "호모 사피엔스만이 독특하면서도 독점적으로 도덕적 감정을 가진다는 사실을 증명하는 것은 많은 사람들이 생각하는 것처럼 그렇게 쉬운 일일까?"

오늘날 현대인들은 자기반성의 구호로 '자연으로 돌아가라'고 외친다. 하지만 인간이 네 발로 기는 짐승으로 자연 회귀하지 않는 한, 그것은 인간의 또 다른 오만이 낳는 기만일 뿐이다. 오늘날 우리는 의식으로 자연 회귀할 수 있을 뿐이다. 철저하고 진지하게 뒤돌아볼 수 있을 뿐이다. 네 발의 시절을 상기하며, 네 발의 타자들과 공존하는 길을 찾는 일이 우리 앞에 놓여 있다.

세 발의 인간

베르베르의 상상 속엔 애완 인간을 기르는 외계인이 곧잘 등장한다. 그는 인간의 특징을 이렇게 묘사한다. "그들은 커다란 둥지를 지어냈고, 도구를 사용할 줄 알며, 그들 특유의 지절거림을 바탕으로 만들어진 의사소통 체계도 갖추고 있다." 외계인과 애완 인간의 상상이 아니더라도, 도구의 사용이 인간의 특징이라는 말은 이제 진부하게 들릴지 모른다. 이는 벌써 오래전부터 생물학, 문화인류학 등의 학문이 밝혀온 것이기 때문이다.

그런데 진화생물학이 발달하면서 도구의 사용이 인간의 특징이 아니라는 과학적 입장들이 고개를 들기 시작했다. 인간과 인간이 아닌 존재 사이의 불연속이 곳곳에서 깨지고 있는 것이다. 과거에는 인간에게만 속하는 것으로 생각되었던 능력이나 특성이 인간이 아닌 존재에게도 해당된다는 사실이 계속 입증되고 있다. 인간은 지구상에서 도구 또는 연장을 사용하는 유일한 종도 아니고 도구를 만드는 유일한 종도 아니라는 것도 드러나고 있다.

하지만 우리는 스핑크스의 수수께끼를 잘 볼 필요가 있다. 스핑크스는 '세 발로 걷는다'고 했다. 인간에게는 발이 두 개밖에 없다. 그런데도 '세 발'이라고 한 것은 인간이 사용하는 도구가 '발'의 수준이라는 것을 의미한다. 인간은 완벽한 도구를 만들려고 한다. 인간의 다리를 그대로 재현하는 도구를 만들려고 하는 것이다. 즉

무거운 짐을 들거나 장애가 있는 신체 부위를 사용할 수 있게 해주는 로봇 수트. 뇌과학과 로봇 기술의 융합으로 인간의 육체는 새롭게 진화하고 있다.

'도구가 나의 분신'이 되도록 노력한다.

이는 지금까지 과학이 관찰하고 발견한 다른 종의 도구 사용과는 엄청난 차이가 있다. '세 번째 발'이 노인의 '지팡이'일 때도 인간은 그 활용을 발의 수준으로 끌어올리려는 노력을 멈추지 않았다. 이제는 지팡이의 이미지를 넘어서 인간은 첨단 도구와 기계를 완벽한 자기 분신으로 만들려고 한다. 그래서 일찍이 고대의 시인 소포클레스도 인간을 "발명에 재능이 있어, 바라던 것 이상으로 영리한 자"라고 하지 않았던가.

그렇다면 '무엇이 인간으로 하여금 완벽한 도구와 기계를 창조하게 하는가?'라는 물음에 이르게 된다. 이에 답하려면 생물학적 진화를 넘어서 인간과 기계의 공진화(共進化)를 인식해야 한다. 인간과 기계의 불연속을 깨고 연속성을 주장하는 매즐리시는 무엇보다도 불완전한 인간의 완전성에 대한 열망을 가장 큰 이유로 든다. 그는 완전한 기계에 대한 열망은 '인간적 불완전함'을 지닌 인간이 '비인간적 완전함'을 추구하는 분열된 욕망에서 비롯된 것이라는 통찰의 실마리를 던진다. 불완전한 창조자인 인간은 자신의 피조물만은 그래도 완전하게 만들려고 노력한다. 완전한 피조물에 대한 열망은 불완전한 인간에 대한 보상으로 작용한다.

이 점은 우선 인간의 몸을 통해 관찰될 수 있다. 인간은 불완전하고 때론 거부감을 느끼게 하는 자신의 육체에서 벗어나고자 하는 열망을 갖는데, "짐승의 육체에서 벗어나려는 희망은 천사뿐 아니라 기계로도 향한다. 기계가 등장하자, 인간은 기계에게서 육신을 벗어나는 느낌을 얻었다"는 것이다. 천사가 인간의 완전성을 향하는 기독교의 표지였듯이, 기계는 세속적인 사람에게 완전성의 표지가 된다. 이것은 인간은 이성적이기보다는 비이성적이지만 기계는 완벽하게 합리적인 구조를 추구한다는 것과도 연관 있다.

완전성을 약속하는 기계는 "생명에 대한 위협이 되기도 하지만, 반대로 죽음을 물리치는 희망이 되기도 한다." 불완전한 인간으로서의 특성, 즉 "죽음에 대한 공포, 육체의 혐오, 윤리에 대한 열망,

잘못을 저지르지 않으려는 욕망 등이 자연을 지배하려는 진화적 욕구와 함께 기계를 창조하게 하는 근본적인 힘으로 작용"한다. 이를 뒤집어보면, 인간과 기계의 공진화는 분열된 인간의 인간성과 비인간성이 접점을 형성해가는 과정인지도 모른다. 이 과정에서 당연히 도구와 기계는 인간과 뗄 수 없으며, 또한 인간 이해의 열쇠이기도 하다.

두 발의 인간

베르베르의 외계인은 계속 애완 인간을 관찰한다. "그들은 윗몸을 바로 세우고 엉덩이를 조금 뒤로 뺀 자세로 두 개의 하지로 버티어 선다." 그는 두 발로 서는 인간, 즉 직립 인간을 관찰하고 있다. 직립은 인간 진화에서 가장 중요한 특징으로 간주되어왔다. '세 발의 인간', 즉 인간이 도구를 적극적으로 사용하게 된 것도 직립의 덕이다. 뇌의 발달도 직립과 밀접하다. 또한 직립은 성(性)과 관련해서 여타 동물과 다른 중요한 인간적 특징을 지니게 했다. 특히 여성의 '숨겨진 배란', '좁아진 산도(태아가 나오는 길)', 그 때문에 미숙한 상태로 태어난 아이를 오랜 기간 양육해야 하는 문제 및 그에 따른 생활의 변화 등은 '두 발의 인간'이 되면서 발생한 것들이다.

그러나 직립 인간의 영향 가운데 그 어느 것보다 흥미로운 것은 인간이 우주와 의미 있는 관계를 맺게 되었다는 사실이다. 이것은 고대의 신화에도 암시되어 있다. 오비디우스는 《변신》의 서장인 '우주와 인간의 탄생' 편에서 다음과 같이 전하고 있다. "다른 동물들은 모두 고개를 숙이고 대지를 내려다보는데, 신은 인간에게만은 위로 들린 얼굴을 주며 별들을 향하여 얼굴을 똑바로 들고 하늘을 보라고 명령했다. 방금 전만 해도 조야하고 형체가 없던 대지는 이제 여태까지 알려져 있지 않던 인간의 모습이라는 옷을 입게 된 것이다." 하늘을 똑바로 볼 수 있는 인간이 등장하면서 지구의 의미가 달라진 것이다.

'하늘'은 고대부터 지금까지 철학적 사유와 과학적 탐구의 보물창고 역할을 해왔다. 하늘을 보고 사색하며 걷다가 우물에 빠진 탈레스의 일화로 대표되는 '우주 연계적 인간의 사유'는 사변에 탐닉하는 철학자에 대한 풍자를 훨씬 넘어서는, 학문의 기원에 대한 의미심장함을 담고 있다.

우주를 관찰하며 탐구하려면 인간이 지속적으로 하늘을 볼 수 있는 조건을 갖추고 있어야 한다. 직립의 조건은 지속적으로 하늘을 관찰하고 사유할 수 있게 한다. 인간은 땅만을 보고 사는 동물이 아니다. 여섯 다리를 갖고 있는 곤충이든, 온몸으로 땅 위를 기는 파충류든, 네 발로 몸을 지탱하고 걷는 포유동물이든 주로 땅을 보며 산다. 하늘을 나는 새도 신체 구조상 시선이 수평을 유지하거나 아래를 향하게 되어 있다. 어떤 사람은 늑대가 밤에 보름달을 보고 울부짖는 것을 예로 들어, 동물도 하늘을 본다고 주장하기도 한다. 하지만 늑대도 하늘을 지속적으로 보지는 않는다. '지속성'이 없는 시각 활동은 '관찰'의 가치를 가질 수 없다. 관찰 없이 사유는 유발되지 않는다.

직립 동물이 아니고서는 하늘을 지속적으로 관찰하고 사유할 수 없다. 직립의 조건과 우주 연계적 인간 사유의 밀접한 관계는, 인간이 어떻게 이 땅에 살게 되었는지를 설명하는 두 가지 대립된 입장, 즉 진화론과 창조론 그 어느 것의 관점에서 보아도 흥미로운 화두를 던진다.

진화론의 입장에서 보면, 네 발로 기던 상태에서 직립 동물로 진화해오면서 인간의 주된 시선은 땅에서 지평선으로, 더 나아가 그 너머로 이동할 수 있게 되었다. 즉 직립으로 진화하면서 집중적으로 하늘을 볼 수 있게 되었다. 반면 인간이 처음부터 직립 동물로 창조되었다면, 오비디우스가 전하는 말처럼 모든 것을 배려하는 신이 인간에게 "하늘을 보라"고 그렇게 창조했다는 해석이 가능하지 않을까? 인간이 온 우주를 관장하는 하늘에 있는 신과 소통할 수 있는 가능성을 열어놓은 것은 아닐까?

갈릴레오가 그랬던가. "우리에게 감각과 이성 그리고 지성을 준

신이 그것을 사용하지 못하게 한다고는 믿을 수 없다." 더구나 하늘과의 소통을 위한 것이라면 더 말할 나위 없지 않은가. 직립의 조건은 분명히 인간을 하늘로 향하게 한다. 그리고 인간이 우주와 의미 있는 관계를 맺게 한다.

잊을 뻔했다. 스핑크스의 두 번째 수수께끼의 답 말이다. 이미 다 알고 있겠지만, 답은 '밤과 낮'이다. 즉 천체의 운동에 관한 것이다. 이 수수께끼의 은유는 인간의 자아와 우주를 연계시키고 있다.

발 없는 인간

지금까지 인간을 이해하기 위한 실마리는 발이었다. 다시 말해 발의 수가 인식의 실마리였다. '발 없는 인간'은 이 인식의 단초 없이 인간을 생각해본다는 의미이다.

네 발이든 세 발이든 두 발이든 모두 인간이 발을 '딛고' 있음을 의미한다. 즉 어떤 지지 기반이 있음을 뜻한다. 그 기반은 지구이다. 인간은 두 발로 서게 되면서 우주를 관찰하고 사유하게 되었지만, 그것은 지구 기반적 태도이다.

그러나 이 인식의 단초가 없어진다면, 패러다임의 대전환이 올 것이다. 그것은 '비기반적 사고'의 시작을 의미한다. 즉 지구에 발붙인 채 우주를 관찰하고 탐구하는 것에서 더 나아가 지구를 벗어

인간이 지구 밖 우주에 진출하는 시대, 포스트 글로브 시대가 이미 시작되었다.

나 본격적으로 우주에 진출하는 것을 의미한다. 이것은 '스핑크스의 수수께끼'가 노정하는 한계를 넘어서는 것이다.

고대부터 지금까지 인간의 사고와 상상은 지구에 매여 있지 않았다. '초(超)지구성(meta-globality)'은 인간에 내재하는 것일지 모른다. 인간은 지구 밖을 지향한다. 하지만 20세기 중반까지 이런 지향성은 정신의 차원에 머물러 있었다. 그러나 이제 인간은 '온몸'으로 초지구성을 실천해야 할 과제를 안고 있다. '포스트 글로브(Post-Globe)'의 시대가 이미 온 것이다.

포스트 글로브의 전망은 상상의 차원이 아니라 일상의 차원에서 중요하다. 우주를 지향하는 모든 노력의 과정에서 발생하는 주산물과 부산물이 우리의 일상생활을 다각적으로 변화시킬 것이기 때문이다(이미 변화시키고 있다). 그것은 본질적인 변화일 수 있다. 우리는 지금까지 기술에서 가장 중요한 발전은 우주를 이해하려고 애쓰는 과정에서 이루어졌다는 역사적 사실을 잊어서는 안 된다.

코페르니쿠스-갈릴레오가 일으킨 과학혁명 이후, 인간은 더 이상 지구가 우주의 중심이라는 '지구 중심주의'를 주장할 수 없게 되었다. 그러나 '지구 기반적 의식과 사고'는 계속 유지해오고 있다. 다양한 사고와 뛰어난 상상력을 지닌 사람들에게도 지구 기반적 사고는 버리기 힘든 것이다. 아직은 자연과학도 '지구 기반적 사고 체계'이다. 관찰자로서 과학자는 지구에 상주(常住)하기 때문이다.

그러나 관찰자가 지구 밖의 별에 상주한다는 근본적 위치 이동이 실현되고 관찰의 조건이 획기적으로 바뀌면, 우주적 패러다임에 따른 새로운 과학-기술 혁명이 불가피할 것이다. 그때 인간의 제 학문은 그들 사이를 연계 관통하는 어떤 '빛'을 볼 수 있을지 모른다. 이것은 개념과 사상의 전환뿐만 아니라, 관찰과 실험의 다양하고 획기적인 성과라는 매우 실용적인 차원에서도 일어날 것이다. 다만 이 모든 것은 우리가 이런 전망을 향해 열려 있다는 조건에서만 가능할 것이다.

사유 매체로서 변신 이야기

신화에는 '믿을 만한 신'이 없다 – 무명씨

신화는 곧 변화의 서사이다. 그 가운데서도 수많은 변신의 일화들은 신화를 읽는 현대의 아동들에게도 흥미진진한 이야기이다. 신화 읽기에 맛들인 아이들에게는 수많은 등장인물과 그들 사이의 복잡한 관계 그리고 다양한 변신들이 혼란스럽기보다는 흥미로운 변주곡처럼 들린다. 반면 어른에게 신화 읽기가 지루하게 느껴진다면, 삶의 틀에 습관화된 의식 때문일지 모른다. 세상의 변화가 피곤하다면 신화 읽기 또한 지루할 수 있다. 불변의 정체성에 너무 집착하면 변신 이야기는 의미 없고 재미없어진다.

오비디우스는 고대 그리스 신화와 로마 신화를 아우르고 소아

시아의 설화까지 한데 합친 방대한 이야기책을 펴내면서 '변신(Metamorphoses)'이라고 이름 붙였다. 이에는 신화의 본질을 반영하고자 하는 의도가 담겨 있다. 여기서 변신은 신이 인간과 다른 생명체로 변하는 것을 비롯해서 인간과 동물·식물·광물 사이의 변신, 남성과 여성의 성전환 등을 포함하는 폭넓은 개념이다. 그러므로 이는 사물이 생성되는 순간과 과정을 상징하는 것이기도 하다. 또한 변신 이야기는 인간과 다른 생명체들을 불연속이 아니라 친밀한 공생 관계와 연속의 차원으로 인식하던 때의 보편적 존재 방식을 표현한다. 그러므로 변화하는 자연의 오묘한 다양성을 보여준다.

오비디우스는 변신 이야기를 위한 서시(序詩)를 이렇게 읊고 있다. "새로운 꿈을 얻은 형상들을 노래하라고 내 마음이 나를 재촉하는구나. 신들이시여, 그런 변신은 그대들에서 비롯된 만큼 그대들은 이 계획에 영감을 불어넣어 주시고, 우주의 태초에서 우리 시대까지 이 노래가 막힘없이 이어질 수 있도록 인도해주소서."

생각하는 사람

하지만 인간은 변화를 정리하는 동물이다. 무엇보다도 생각으로 정리한다. 아니, 그럴 수밖에 없다. 만물의 변화를 물리적으로 정리할 수는 없지 않은가. 칸트식으로 표현한다면, 인간은 만물의 변화에 대한 '인식의 방식'을 지니고 있다. 인간이 세상을 인식하고자 하는 욕구와 방식은 다양하지만, 학자들은 그 안에서 일정한 패턴 또는 모듈을 발견한다.

클로드 레비-스트로스는, 과학자들은 탐구의 과정에서 불확실성이나 좌절을 참고 견딘다고 한다. 달리 어찌할 도리가 없기 때문이다. 하지만 "참고 견디지 못하며 또 그래서도 안 되는 것이 있으니 그것이 바로 무질서이다." 그는 무질서에 대한 배타성은 미개인에게도 마찬가지라고 말한다. 원시인에서 현대 과학자에 이르기까지 동물과 식물의 분류 체계를 만드는 일은 무질서를 정리하는 인간의 인식 방법이다. 그들에게는 "어떠한 분류도 무질서보다는 낫다."

오늘날 과학자들이 무질서의 정리보다 더 관심을 갖는 인식의 방식은 인과의 원리이다. 인간에게 인과율은 거의 본능화한 인식 방식이라고 보기 때문이다. 진화심리학자 마이클 셔머는 인간이 우연하고 불확실한 것으로 가득한 세상에서 의미 있는 패턴을 추적하고 사물과 현상의 인과관계를 찾도록 진화해왔다고 주장한다. 따라서 인과율은 인간의 뇌에 유전자적으로 프로그래밍되어 있다고 본다. 어린아이들이 학습을 거치지 않고 사물을 인과율적으로 파악하려는 성향을 갖는 것도 진화적 결과라고 본다. 심리학자 데이비드 프리맥도 인간의 '인과적 인지(Causal Cognition)'에 주목하여, 아이들에게는 거의 '타고난 인과성'이 있다고 본다. 발달심리학자들은 아이들의 인과적 이해를 '발달 원형'이라고 부른다. 사람은 아이일 때도 물리적 인과성에 대해 뚜렷한 개념을 갖고 있기 때문이다. 영장류 동물들은 연상 학습이라는 과정을 통해 사건들을 짝지어 그들 사이의 연관성을 터득할 수는 있지만, 타고난 인과성은 인간에 고유한 것이라고 본다.

발생생물학자 루이스 월퍼트도 사람은 외적이건 내적이건 자신을 둘러싼 세상을 "의식적으로 정리하고픈 뿌리 깊은 욕망"을 갖고 있다고 한다. 사람들에게 의식적 정리의 욕구가 있는 이유는 자신의 인과적 행동을 자각하기 때문이다. "인과적 믿음은 우리의 행동을 지시하고 우리 존재의 핵심부에 존재한다는 점에서 근원적이다."

월퍼트의 이론에서 흥미로운 점은, 사람의 인과적 인식 태도가 도구의 사용 및 발달과 밀접하다는 사실이다. 도구는 어떤 목적을 위해 만들며, 합목적적 필요성은 훌륭한 결과와 그것의 원인이라는 인과율과 밀접하다. 그는 "도구를 사용하려면 원인과 결과라는 개념이 필요하며 이 능력은 인간 이외의 다른 동물에게는 없다"라고 주장한다. 인간은 또한 다른 도구를 만들기 위해서도 도구를 사용하는데, 상이한 조각들을 결합시키는 복합 도구와 고도의 테크

놀로지 개발에 이르기 위해서는 원인과 결과에 대한 확고한 개념이 있어야 한다. 또한 다양한 도구의 사용은 '언어라는 인간 고유의 도구'를 더욱 발전시켰다. "도구를 사용하려면 일정한 순서대로 동작을 해야 하는데 이 과정은 순차적인 발성(發聲)으로 구성되는 발언(發言)과 매우 비슷하며" 이는 언어의 문법 체계와 유사하다. 결국 "인과성은 인간의 인식에 있어 근본적인 개념"이다.

오늘날의 과학적 추론에 앞서, 흄의 영향을 받은 칸트는 인간이 세상을 인과율에 따라서 인식하려고 한다는 것을 체계적으로 이론화한 바 있다. 사람에게는 보편적 인식의 방식이 있는데, 그 가운데서 공간과 시간이라는 순수 직관과 함께 인과율은 핵심적이다. 다시 말해 누구든 선험적으로 원인과 결과라는 인식 방식에 맞추어 대상을 다룬다는 것이다. 인과율적 인식 방식은 인간에게 내재하며 선험적이다. 서로 잇따르는 현상들의 "종합적 통일의 필연성을 동반하는 개념으로는 오로지 순수 지성 개념만이 가능하며" 그 가운데 하나가 '원인과 결과의 개념'이다. 우리는 "현상들의 잇따름을, 즉 모든 변화를 인과 법칙에 종속시킴으로써만 그것들에 대한 경험, 즉 감각 경험적 인식도 가능하다."

오늘날 과학자들은 인간이 진화 과정에서 인과율을 본능화했다고 설명한다. 즉 칸트가 인간에 선험적으로 내재한다고 한 것을 생물학자들은 오랜 진화 과정의 결과라고 본 것이다. 인간이 인과율을 얼마나 깊게 본능화했는지는 다음과 같은 이야기에서도 알아볼 수 있다.

어떤 사람이 산길을 가는데 화살이 날아와 어깨에 꽂혔다. 그는 즉각 화살이 날아온 곳으로 시선을 돌렸다. 순간 그의 머릿속에는 '화살이 어느 각도에서 날아왔을까?', '누가 쐈을까?', '독화살은 아닐까?' 하는 물음이 떠올랐다.

어떤 현자는 이 일화가 일상적이고 구체적인 진리는 멀리하고 요원하고 추상적인 관념의 유희를 즐기며 탁상공론하는 학자들을 풍자하는 것이라고 해석한다. 이에는 "먼저 네 몸에 꽂힌 화살을 뽑아라!"라는 교훈이 필요하다는 것이다. 하지만 화살 맞은 사람의 행동과 순간적인 의식은 위에 든 예와 다를 가능성이 거의 없다. 화살 맞은 사람은 몇 십 분의 일 초도 안 될 순간이지만 일단 화살이 날아온 방향으로 시선을 돌리게 된다. 그러고는 화살을 뽑든 상처를 감싸든 어떤 조처를 취할 것이다. 그사이에 인과적인 연상들이 머리를 스치는 것도 피할 수 없을 것이다. 또 하나 잊지 말 것이 있다. 사실 대부분의 사람은 이 순간 화살을 뽑기 전에 먼저 몸을 안전한 곳으로 피하려고 할 것이다. 이 행위는 바로 공격의 원인으로부터 자신을 보호하기 위함이다. 교훈을 위한 예를 들 때에도 우리는 '실례'를 들도록 노력해야 한다.

인과율이 인간 삶에서 핵심적이라는 것은 고대의 시인도 잘 알

오귀스트 로댕의 〈지옥문〉과 그 중심에 있는
'생각하는 사람', 로댕 박물관, 1880~1917년.

메두사의 시선 >> 사유 매체로서 변신 이야기

고 있었다. 베르길리우스는 일찍이 "사물의 원인을 이해할 수 있는 자가 행복하다"고 하지 않았던가. 인과율은 실재 같은 허구의 구성에도 중요하다. 저 유명한 아이스킬로스의 《오레스테이아》 3부작에서 볼 수 있듯이 '인과와 응징의 원리'는 그 자체로 이야기를 이끌어가는 힘이다. 실감 나는 극적 이야기는 인과 원리가 어떻게 서사 구성에 개입되는지에 따라 결정된다.

파스칼은 인간은 연약한 갈대에 지나지 않지만 '생각하는 갈대'라고 했다. 하지만 진화론자라면 방점을 달리 찍을 것이다. 바로 연약한 갈대이기 때문에 생각을 많이 하게 되었다고 말이다. 월퍼트는 인간의 사고 활동 가운데서도 인과관계를 파악하는 일은 환경에 적응하는 인간의 행동에서 정확도와 계획성을 높여왔으며, 인과적 믿음을 통해 도구를 제작해서 환경을 개조한 결과 생존율이 높아져 진화가 가능했다고 추론한다.

믿음의 세계

이제 흥미로운 것은 월퍼트가 주장하듯이 "인간의 진화가 그럴듯한 인과적 믿음을 생성하는 두뇌 메커니즘을 보유하는 쪽으로 이루어졌다"는 사실이 낳은 또 다른 효과이다. 그것은 인간이 어떤 결과에 이치적으로 맞지 않는 '이상한 원인'을 찾아 그것을 인과적으로 믿는다는 사실이다.

  마이클 셔머는 우연하고 불확실한 것으로 가득한 세상에서 인간이 항상 인과적으로 '의미 있는 패턴'만을 찾아내면서 진화해온 것은 아니라는 점에 주목한다. 인과율적으로 아무 의미 없는 관계에 대해서도 결과를 기대하며 가상의 원인에 대한 믿음을 갖는 경우가 있기 때문이다. 기우제를 지내면 가뭄이 물러갈 것이라는 잘못된 믿음이 그 실례이다. 이런 마술적 사고는 인과적 사고 메커니즘이 진화하면서 어쩔 수 없이 생겨난 부산물이라고 본다.

  진화심리학은 인간 두뇌가 종종 모듈이라고 불리는 진화상에서 특화된 평가 메커니즘을 다스리는 데에 착안한다. 이 평가 메커니즘이 감정과 추리, 유형 탐색을 결정하고 우리가 믿는 것에 영향을 끼친다고 보기 때문이다. 셔머는 그가 '믿음 엔진(Belief Engine)'이라고 개념화한 것 저변에 이런 모듈이 있다고 생각한다. 그런데 다양한 미신 현상은 '믿음 엔진'이 잘못된 방향으로 나아간 대표적 사례이다. 삶이 불안정하고 불확실해질수록 사람들은 삶의 변덕과 우연을 어떻게든 필연적으로 설명하고 싶어 하며, 이런 마음이 사이비 과학이나 미신에 속기 쉬운 상태에 이르게 한다고 셔머는 지적한다.

  월퍼트도 인간에게는 사건을 설명하고자 하는 욕구가 있는데 인과율적 설명을 위한 일종의 강박은 오히려 다양한 믿음을 발생시킨다고 본다. 특히 위기의 시기에 인과율적 사고는 합리적이지 못하고 강박적인 믿음이 된다. 다시 말해 우연의 사건들에서 필연의 연결 고리를 강박적으로 찾게 된다. 믿음의 대표적인 특징이 어떤 사건의 원인이나 미래에 벌어질 일의 양상을 설명한다는 데에 있다면, "중요한 사건의 원인을 찾지 못하는 무능력 상태는 정신적 불쾌감은 물론, 심지어 걱정까지 유발하기 때문에 인간은 인과적인 이야기를 꾸며내면서까지 어떻게든 해명하려고 한다." "중요한 원인들을 간과하는 것은 인간이 결코 용납할 수 없는" 일이다. 그러므로 사람들은 어떤 사건의 '원인을 만들어내기까지' 한다.

이런 맥락에서 초월적 존재에 대한 믿음과 종교적 믿음도 인과적 믿음의 가지 치기로 설명할 수 있다. 월퍼트는 "어쩌면 초월적 믿음은 불가능한 사건들을 해석하려는 노력이 신비한 원인들과 세력을 불러내고 싶은 마음과 결합된 결과일 수 있다"고 본다. 중요한 것은 이 믿음들이 일상 경험과 과학적 실증의 범주 밖에 있는 원인을 부각하여 그것을 믿는 사람들에게 새로운 힘을 부여한다는 점이다. 초월적 원인을 찾으려는 인간의 욕구에 대해서는 칸트도 경고한 바 있다. 우연적인 것의 원인을 추리하는 초월적 원칙은 감성 세계에서만 의미가 있을 뿐이기 때문이며, 우연이라는 것은 인과성 명제와 같은 종합 명제를 전혀 산출할 수 없기 때문이다. 그런데도 사람들은 믿음 엔진의 힘으로 믿음의 세계를 형성해간다.

믿음의 세계에서 또 한 가지 중요한 것은 '누군가의 믿음을 바꾸기란 정말 어렵다'는 사실이다. 일단 형성된 믿음은 끈질기게 지속되며 웬만해서는 바뀌지 않는다. 왜 믿음은 쉽게 바꿀 수도, 버릴 수도 없는 걸까? 월퍼트는 이것 역시 진화론적으로 설명할 수 있다고 본다. "인간이 만일 초기 진화 과정에서 목숨을 부지하는 데 필요한 믿음들을 고수하지 않았다면 큰 어려움을 겪었을 것이다. 예를 들어, 사냥을 하거나 도구를 만들 때 생각을 자꾸 바꿨다면 심각한 손실이 발생했을 것이다. 특히 위험에 처했을 때는 일관된 행동이 안전을 보장한다." 현대 사회의 많은 믿음들은 옛날처럼 즉각적으로 생사가 달린 문제는 아니다. 그러나 바로 그렇기 때문에 "우리는 많은 믿음들을 탐닉하고 그것들을 지지하기 위해 어디서든 증거를 끌어대려고 하며, 바로 이런 사례들이 사람들이 벌이는 인과적 믿음의 향연을 설명할 수 있을지도" 모른다.

몽테뉴는 "우리는 가장 모르는 것을 가장 잘 믿는다"고 했다. 하지만 우리는 '잘 모르기 때문에 믿는다'라고 해야 더 적절할 것 같다. 잘 모르기 때문에 원인을 만들어내면서까지 믿으려 하는지 모른다. '생각하는 사람'과 '믿는 사람'은 이렇게 그 뿌리에서 서로 얽혀 있다.

불변의 신화

인과론은 모든 변화가 원인과 결과의 결합 법칙에 따라 발생한다는 유추에 근거한다. 다시 말해 인과율은 변화를 전제한다. 그런데 역설적으로 '인과적 믿음'은 불변을 고착화한다. 원인과 결과에 대한 합리적 탐구가 아니라, 원인을 생산해내고 그것을 변화의 동인으로 믿고자 하는 의지의 표현이기 때문이다. 검증하거나 반증할 수 있는 탐구의 대상으로서 원인이 아니라, 초월적 존재로서 원인을 믿는 행위는 '불변의 신화'를 창조하는 것과 같다.

최초이자 최고의 원인으로서 전지전능한 절대자를 믿는 것은 불변의 신화가 극치에 이르렀음을 의미한다. 절대(Absolute)는 어원적으로 '관계로부터 자유로움' 또는 '관계에 매여 있지 않음'을 의미한다. 곧 언제든지 관계를 일으키는 원인일 수는 있어도 관계의 대상은 아님을 의미한다. 절대자는 변하지 않는다. 상호 관계일 때 변화는 양방향으로 일어나지만, 일방적 관계의 주체에게 변화를 일으킬 수는 없다.

바로 이 지점에서 '변신의 서사로서 신화'와 '불변의 초월적 원인을 믿는 신화' 사이의 차이가 부상한다. 레비-스트로스의 영향을 받은 종교학자 나카자와 신이치는 "어떤 '형이상학 혁명'도 일어나기 이전, 특히 국가나 일신교가 발생하기 이전의 인류는 신화라는 양식을 이용해서 우주 안에서의 자신들의 위치나 자연의 질서, 인생의 의미 등에 대해 깊은 철학적 사고를 해왔다"고 주장한다. 그러므로 "신화는 후에 발생한 종교와는 달리, 아무리 환상적인 상황을 상상하고 있을 때라 할지라도 현실 세계에 대한 강렬한 관심과 현실 세계를 지적으로 이해하고 싶어 하는 욕구를 상실한 적이 없다"고 한다.

고대의 신화가 현실과 관계 맺고 있다는 것은, 그것이 자연사의 은유 속에서 인간성의 다양한 모습과 소통하는 사건들을 보여주는 서사이기 때문이다. 그런데 여기서도 중요한 것은—나카자와의 신화론은 적시하고 있지 못하지만—이러한 '신화의 현실감'에 전제되는 것이 '변화'라는 사실이다. 현실 세계를 지적으로 이해하기 위해서도 변화를 전제해야 한다. 신화가 현실의 거울이 될 수 있는 이유는 불변의 고착성 때문이 아니라 변화의 가능성 때문이다. 그래서 신화가 풍부한 의미를 담고 있다고 하는 것이다. 자연사의 은유는 당연히 변화에 대한 은유이다. 자연은 엄청난 변화의 덩어리 그 자체이다. 신화가 현실을 반영할 수 있는 것은 바로 다양한 '변화'를 서사의 바탕에 깔고 있기 때문이다.

언젠가 신화의 독법에 대해 이야기하면서, 신화를 읽으면서 동식물 기록이 많이 담긴 자연 다큐멘터리를 함께 보면 재미와 의미가 배가될 것이란 말을 한 적이 있다. 둘 모두 변화와 변신의 파노라마를 보여주기 때문이다. 이런 점에서 변신의 신화는 수평적이다.

아폴론이 쫓아오자 월계수로 변하는 다프네. 잔 로렌조 베르니니, 〈아폴론과 다프네〉, 로마 보르게세 미술관 소장, 1622~1625년.

반면에 초월적 믿음의 신화는 수직적이다. 최고의 원인을 전제하기 때문이다. 변신의 신화에서 핵심은 신이 아니라 이야기이지만, 초월적 믿음의 신화에서는 당연히 신이 중심에 있다. 이야기도 신이 그 원인이 될 때 가능하다.

불변의 신화를 만들고자 하는 인간의 성향은 롤랑 바르트가 간파한 '현대의 신화'에서도 드러난다. 바르트는 사회·문화적 관점에서 신화가 역사적 진행의 결과를 자연의 법칙과 혼동하도록 하며, 우연성을 필연적이고도 영원한 것으로 환원하는 기능을 수행한다고 본다. 아도르노도 현대의 신화가 세계를 고정하는 역할을 한다는 점을 지적한 바 있다. 얼토당토않은 변화의 이야기들이 산재하는 변신의 서사가 오늘날에도 의미 있고 소용이 되는 까닭은 바로 이런저런 이유로 불변의 신화가 양산되기 때문이다.

수수께끼

변신의 신화가 오늘날에도 '사유의 매체'로서 중요함을 강조하기 위해 먼 길을 돌아왔다. 변신 이야기는 인생무상뿐만 아니라 세상만사 무상(無常)함을 보여준다는 점에서 중요하다. 그런데 '믿는 사람'은 '항상성(恒常性)'을 추구한다. '생각하는 사람'도 종종 항상성 또는 '한결같음'의 매력에 빠진다. 안정감을 주기 때문이다.

생존경쟁과 적자생존이 진화의 동력이라면 안정된 경쟁자와 적응의 안정을 찾은 자는 유리한 위치에 있을 수 있다. 이는 모든 게 무상한 가운데서도 항상을 찾으려는 욕구가 존재하는 까닭일지 모른다.

과학적 탐구에서도 항상성은 중요하다. 과학자는 되도록 오랫동안 견딜 수 있는 자연법칙을 제안하려 하기 때문이다. 그래서 과학자들도 과학 이론이 끊임없이 변화한다는 믿음은 주로 연구의 최전방에 해당되고 그 핵심부는 대단히 견고하다고 믿는다. 생물학에서 자연선택 이론은 생명계 변화의 장구한 역사를 설명하는 것이지만, 그 자체는 지금까지 항상성을 유지하는 안정된 법칙이다. 물리학에서 대칭성(symmetry) 개념도 마찬가지다. 물리학자들은 우주가 운영되는 법칙의 저변에는 대칭성이 있다고 믿는다. 이 세계에 어떤 식으로든 변환을 가하면 대부분의 양이 일제히 변하게 되는데, 그 와중에도 변하지 않고 원래의 값을 유지하는 양이 존재하는 경우가 있다. 이러한 속성을 대칭성이라고 하며 물리학의 중요한 이론들은 바로 이 불변량에 초점이 맞추어져 있다.

그래도 세계는 끊임없이 변하고 있다. 변화와 불변은 항상 수수께끼이다. 고대로부터 헤라클레이토스와 파르메니데스를 대립시키거나 아니면 일치시키기 위해 노력해도 수수께끼는 남아 있다. 헤라클레이토스는 변화가 존재를 가능하게 한다고 보았고, 파르메니데스는 부동의 존재가 있어야만 변화의 움직임을 품을 수 있다고 보았다 해도, 수수께끼는 속 시원하게 풀리지 않는다. 인간이 변화에 대한 분열된 기대를 갖고 있다는 것은 또 다른 수수께끼이다. 항상성에 안주하는 일상에서 문득 인생무상이라는 깨달음을 얻어도, 모든 것은 변한다는 우주적 자각에 이르러도, 불변에의 의지는 쉽게 사라지지 않는다. 그래서 때론 '달갑지 않은 변화'로 흔들린 항상성을 억지로 바로잡으려 한다.

고대의 신화에도 인과론적 사유가 담겨 있다. 그러나 바이츠제커가 말했듯이 "신화적 사유는 심지어 인과 개념을 우리의 것과는 반대로 뒤집어놓는" 역전의 묘수를 발휘하기 때문에 각별한 의미가 있다. 신화에도 불변에의 의지가 담겨 있고 불변의 극단이 숨어 있기도 하다. 나르키소스의 비극이 그렇고 아르테미스 같은 영원한 처녀신의 이야기가 그렇다. 그러나 또한 신화는 '야생의 변신'들로 난장을 벌이기 때문에 그 이야기들이 의미 있는 것이다.

오비디우스는 《변신》의 종장(終章)에서 '피타고라스의 철학'을 빌려 변화를 설파한다. "온 세상에 변하지 않는 것은 아무것도 없소. 만물은 유전(流轉)하고, 드러난 것은 단지 찰나의 형상으로 존재하는 것일 뿐이오. ……원래의 모습을 간직하는 것은 아무것도 없소. 위대한 발명가인 자연은 끊임없이 다른 형상에서 새 형상을 만들어내오."

변신의 서사에는 초월적 믿음이 굳건하게 만든 최고의 원인도 없고, 불변의 절대자인 유일신도 없다. 경망스럽게 변신하는 신들이 있을 뿐이다. 믿어야 할 신도 없고 믿을 만한 신도 없다. 그러므로 변신 이야기는 열린 가능성과 자유의 시·공간을 제공한다. 변신의 신화는 하늘 높이 날다 추락하더라도 이카로스에게 날개를 달아준다.

도움말

'서문'에서도 말했듯이 이 책에는 일부러 주석을 달지 않았다. 그렇다고 하더라도 독자들의 호기심이 발동할 때가 분명 있었을 것이다. 특히 각 장(章)의 도입부에 있는 인용문을 보며 궁금했을지도 모른다. 그래서 여기에 인용문의 출처, 작가에 관한 이야기, 그 문장을 선택하게 된 이유, 본문과의 연관성 등에 대해 간단히 적고자 한다. 독서에 조금이라도 도움이 되었으면 한다. '도움말'에서는 참고하기 편리하게 상세한 서지 사항을 각주에 담는다. 충분한 참고가 되도록 하기 위해 원서의 문장과 서지 사항도 함께 적는다.

1. 메두사의 시선

신화는 과학의 운명을 노래한다 - 무명씨

이 책에서 활용한 인용구 가운데는 '무명씨'의 것이 두 문장 있다. 1장과 12장이 그 경우인데, 이들에 대해서는 12장에 관한 도움말에서 함께 설명하고자 한다.

2. 에로스와 철학의 화살

탐구하지 않는 삶은 살 가치가 없다 - 소크라테스
우리의 탐구 성과가 아무런 위로가 되지 않는다 해도 우리는 적어도 탐구 그 자체에서 어떤 위안을 느낀다 - 스티븐 와인버그

12개의 장 가운데서 제2장에서만 두 가지 인용문을 활용했다. 얼른 보아도 알 수 있듯이, 두 문장 사이에 밀접한 관계가 있기 때문이다. 하나는 고대 철학자의 말이고 다른 하나는 현대 과학자의 것이다. 그만큼 서구 사상에서 고대로부터 현대까지 앎을 대하는 일관된 인식 태도가 존재한다.

먼저 소크라테스의 말은 플라톤의 대화편 《소크라테스의 변명》에 나오는 것이다.[1] 여기서 '탐구'의 원어는 '엑세타시스(exetasis)'로서 '캐물음'이라는 뜻이다. 그래서 위의 문장은 "캐묻지 않는 삶은 살 가치가 없다"[2]라고 번역할 수 있다. 나는 이를 의역한 것이다. 영어에서도 이 말을 '리서치(research)'라고 번역하기도 한다.

이 문장은 소크라테스와 그 제자들의 행적을 잘 보여준다. 그들은 사람들을 만나 나를 나이게 하는 것이 진정 무엇인지, 삶의 가

---

1) Platon, *Apologia Sokratus*, 38a
2) 플라톤, 《에우티프론, 소크라테스의 변론, 크리톤, 파이돈》, 박종현 역주, 서광사, 2003 참조.

치와 의미는 무엇인지 캐묻고 다녔다. 《소크라테스의 변명》에는 이런 탐구 행위가 여러 번 언급되어 있다. 이것은 또한 우리가 철학으로 번역하는 그리스어 '필로소피아(philosophia)'의 원래 뜻인 애지(愛智)의 의미를 반영하는 것이기도 하다. 지혜를 사랑하는 사람이 묻고 탐구하는 행위를 지속하기 때문이다.

스티븐 와인버그(Steven Weinberg)의 말은 《최초의 3분: 우주의 기원에 관한 현대적 견해》에서 따왔다.[3] 원문은 다음과 같다. "If there is no solace in the fruits of our research, there is at least some consolation in the research itself."[4] 여기서 와인버그는 '위로' 또는 '위안'을 뜻하는 두 단어 'solace'와 'consolation'의 뉘앙스를 살려서 문장을 쓰고 있다. 두 단어 모두 라틴어 어근 'solari'를 품고 있어서 비슷한 뜻이나 'consolation'에는 라틴어 'cum('함께'라는 뜻)'에서 나온 'con'이 붙어 있어서 좀 더 위안의 친밀감을 준다.

와인버그의 이 문장은 책의 결론 부분에 나오는데, 이 문장의 앞과 뒤에 있는 문장들과 함께 읽으면 더 흥미롭고 의미심장하다. 그

---

3) 스티븐 와인버그, 《최초의 3분》, 신상진 옮김, 양문, 2005, 210쪽. 한국어 번역본에서는 '리서치(research)'를 '연구'로 번역했으나, 필자가 '탐구'로 윤문했다.
4) Weinberg, S., *The First Three Minutes: A Modern View of the Origin of the Universe*, Basic Books-Perseus Group, New York, 1993, p.154.

문장들은 다음과 같다. "우주를 점점 이해하면 할수록, 우주는 그만큼 또 요령부득인 것처럼 보인다(The more the universe seems comprehensible, the more it also seems pointless). […] 우주를 이해하려는 노력은, 인간의 삶을 광대극보다 좀 더 나은 수준으로 높혀주고 다소나마 비극적 품위를 주는 아주 드문 일 가운데 하나이다(The effort to understand the universe is one of the very few things that lifts human life a little above the level of farce, and gives it some of the grace of tragedy)." 이 문장은 본서의 제10장에서 인용하기도 했다. 사족 하나, 와인버그는 1979년 노벨 물리학상을 받았다.

3. 아라크네와 기예의 철학

기술 분야의 선구자들은 오로지 재미를 위해 돈을 쓰고, 생명을 빼앗길 수도 있는 위험을 감수했다 - 프리먼 다이슨

이 문장은 프리먼 다이슨(Freeman Dyson)의 《상상의 세계》에서 따왔다.[5] 원문은 다음과 같다. "In all these technologies,

---

5) 프리먼 다이슨, 《상상의 세계》, 신종섭 옮김, 사이언스북스, 2000, 25쪽.

the pioneers were spending their money and risking their lives for nothing more substantial than fun."[6] 이 문장에서 "이 모든 기술"이라는 말은 다이슨이 앞서 열거한 바 있는, 동굴 탐사를 즐기던 자크 쿠스토(Jacque Cousteau)가 고안한 스쿠버 다이빙, 자전거를 판매하고 수리하던 라이트 형제가 단조로운 일상사에서 벗어나기 위해 발명한 비행기, 얼마 전까지만 해도 레크리에이션을 위한 수단이었던 자전거와 자동차 같은 기술을 가리킨다. 나는 이런 기술 개발 동기의 지나친 일반화를 방지하기 위해 한글판 번역에 있는 '모든 기술 분야의 선구자들'이라는 말을 완화해서 표현했다.

다이슨은 "대단한 성공을 거둔 기술도 때로는 취미에서 시작되었다"는 점을 상기시키고, "스포츠와 레크리에이션이 여전히 기술을 발전시키는 강한 동기를 부여한다"는 점을 강조한다. 그는 "장난감과 게임이 새로운 기술을 널리 퍼뜨리고 이익을 낼 수 있게 하는 가장 빠른 길이다(Toys and games are the fastest way to make any new technology popular and profitable)"[7]라고도 한다.

다이슨은 이론물리학자이자 수학자이다. 그런데 다이슨만큼 도

---

6) Dyson, F., *Imagined Worlds*, Harvard University Press, Cambridge-London, 1998, p.17.
7) 앞의 책, 106쪽 참조; 원서 p.117.

구와 기술에 대한 실용적 감각을 지닌 학자를 찾아보기도 힘들다. 그는 과학 혁명의 역사도 '개념의 혁명'보다는 '도구의 혁명'에 초점을 맞추어서 해석한다.

나는 이 장(章)을 쓰면서 어떤 문장을 인용할지 많이 고민했다. 처음에는 기술철학의 저서들을 참고하고 이 분야의 전문 연구자인 돈 아이디(Don Ihde)의 책에서 문장을 따오려고도 했다. 그러나 결국 다이슨의 문장을 택했다. 기술에 대한 매우 실용적이면서도 상상력 풍부한 관점 때문이었다. 물론 이 장의 주인공 아라크네도 염두에 두었다. 아라크네는 생명을 빼앗길 수도 있는 위험을 감수하며 아테나 여신과 기예의 경연을 했다. 그녀는 생명을 빼앗기지는 않았지만 거미로 변신할 수밖에 없었다. 그래도 그녀는 탁월한 기술로 베짜기를 멈추지 않는다.

4. 헤라클레스와 육체의 반어법

오늘날 뇌과학과 인공지능 분야의 논문들은 묵은 질문을 새로운 형태로 제기한다 - 브루스 매즐리시

브루스 매즐리시(Bruce Mazlish)는 역사학자로서 오랫동안 매사추세츠 공과대학(MIT)에 재직해왔다. 그는 과학기술 및 사회과

학의 역사라는 독특한 관점에서 서구 지성사 및 문화사에 대한 폭넓은 연구를 해왔다. 매즐리시는 그의 중요 저서 《네 번째 불연속: 인간과 기계의 공진화》에서 인간과 기계 사이의 불연속을 추구하는 게 아니라 '부제'가 보여주듯이 그들 사이를 연속적으로 이해하려고 한다. 매즐리시는 "인간과 그의 피조물인 기계 사이에 경계가 없어서, 두뇌의 원리를 설명하는 개념 체계로 '생각하는 기계'의 원리도 설명할 수 있다는 것을 우리는 깨닫기 시작했다"고 주장한다.

그는 이 책의 9장에서 '컴퓨터-뇌 혁명'을 다루는데, 여기서 위의 인용문을 가져왔다.[8] 원문은 다음과 같다. "Work in brain science and artificial intelligence is raising old questions in new guises."[9] 이러한 관찰은 "컴퓨터에 '의식'이 있는가 하는 질문에 대답하기 위해 우리는 인간의 의식이 무엇인지 알아야 한다"는 입장을 전제한다.

나는 이 장을 쓰면서 전문 뇌과학자들의 저서에서 인용문을 따오려고도 했다. 그러나 매즐리시의 말은 우리가 의식, 영혼, 정신 등으로 표현해온 인간 두뇌에서 일어나는 '일'들에 대해 지속적으

---

8) 브루스 매즐리시, 《네 번째 불연속》, 김희봉 옮김, 사이언스북스, 2001, 311쪽.
9) Mazlish, B., *The Fourth Discontinuity: The Co-evolution of Humans and Machines*, Yale University Press, New Haven-London, 1993, p.191.

로 관심을 가져왔다는 점을 더 잘 보여준다고 생각했다.

5. 크로노스와 서사 권력

시간은 모든 일이 한꺼번에 발생하는 사태를 막아주는 것이다
— 존 아치볼드 휠러

나는 이 문장을 존 아치볼드 휠러(John Archibald Wheeler)의 저서나 논문에서 직접 따오지 않았다. 그렇기 때문에 원문을 확인할 수 없었다. 이 문장은 여러 과학자들이 함께 쓴 《과학자들에게 묻고 싶은 인간과 삶에 관한 질문들》이라는 책에서 물리학자 마크 뷰캐넌(Mark Buchanan)이 '시간이란 무엇인가'라는 주제를 다루면서 휠러의 말이라고 전한 것이다. 뷰캐넌은 "왜 시간은 강물처럼 흐르는 것으로 보이는가?"라는 질문에 "휠러는 한때, 질문만큼 애매하기는 하지만 그래도 꽤 흥미로운 대답을 한 적이 있다"라고 하며 위의 문장을 인용했다.[10]

이론물리학자 휠러는 과학계에서 매우 독특한 인물로 알려져

---

10) 존 폴킹혼 외, 《과학자들에게 묻고 싶은 인간과 삶에 관한 질문들》, 강윤재 옮김, 황금부엉이, 2004, 48쪽. 재인용이지만 원문을 확인하려고 이 책의 원서를 구입하려 했으나 품절이었다. 문장은 내가 약간 윤문한 것이다.

있다. 그는 닐스 보어(Niels Bohr)의 제자였으며, 1960년대 말에 '블랙홀(black hole)'이라는 말을 만들었고, 비교적 우리에게 잘 알려져 있는 물리학자인 리처드 파인만(Richard Feynman)의 박사 과정 논문 지도교수였다.

과학 저술가 존 호건(John Horgan)이 전하는 바에 따르면,[11] 휠러는 강한 체력으로도 유명하다. 호건은 그를 인터뷰하러 방문했는데, "점심을 먹기 위해서 3층에 있는 자신의 연구소를 나서면서 휠러는 엘리베이터를 타지 않았다. 그는 엘리베이터는 건강에 해롭다고 말하고는 계단을 택했다. 계단 난간에 한쪽 팔을 걸고 휙 날아서 원심력을 이용해 U자를 그리며 착지하고는 다시 다음 번 도약을 준비했다." 당시 휠러의 나이는 여든에 가까웠다. 휠러는 2008년 97세의 나이로 작고했다. 휠러는 실재가 전적으로 물리적이지는 않을 것이라고 주장한 최초의 저명한 물리학자였다. 그는 '시인을 위한 물리학(physics for poets)'과 '반어적 천문학(ironic cosmology)'의 기수였다. 그의 이런 입장은 다음과 같은 문장에도 잘 담겨 있다. "우리가 물질의 가장 깊은 곳, 또는 우주의 가장 먼 변방에 다다라 그곳을 들여다보았을 때, 궁극적으로 발견하는 것

---

11) 존 호건, 《과학의 종말》, 김동광 옮김, 까치, 1997, 115~121쪽(Horgan, J., *The End of Science: Facing the Limits of Knowledge in the Twilight of the Scientific Age*, Broadway Books, New York, 1997, pp. 79~84) 참조.

은 우리를 마주 보는 당황스러운 표정의 자기 얼굴이다(When we peer down into the deepest recesses of matter or at the farther edge of the universe, we see, finally, our own puzzled faces looking back at us)."[12]

내가 재인용한 '시간에 대한 휠러의 정의'에도 이런 반어적이고 진지한 해학이 담겨 있다. 그 문장을 보는 순간 나는 인용해야겠다고 마음먹었다.

6. 피그말리온의 타자성

무언의 상(像)은 마침내 말을 하기 시작했고, / 사랑의 입맞춤에 화답하며 / 뛰는 내 가슴의 고동을 알아주었다 – 프리드리히 폰 실러

실러(Johann Cristoph Friedrich von Schiller)는 〈이상 Die Ideale〉이라는 시에서 피그말리온의 이야기를 빌어 젊은 가슴에 깃든 자연애(自然愛)를 노래한다. 이 시의 네 번째 단락, 2~4행에서 위의 시구를 따왔다. 독일어 원문은 다음과 같다.

---

12) 앞의 책, 121쪽; 원서, p.84.

Die Stumme eine Sprache fand,

Mir wiedergab den Kuss der Liebe

Und meines Herzens Klang verstand.[13]

토머스 벌핀치(Thomas Bulfinch)는 자신의 그리스·로마 신화집의 '피그말리온 편'에서 쉴러의 시를 영역해 인용하고 있다. 벌핀치는 이 시를 한 친구가 번역해주었다고 하는데, 상당 부분 의역되어 있다. 벌핀치는 세 번째와 네 번째 단락을 인용하고 있는데, 그 가운데서 위의 행에 해당하는 부분은 다음과 같다.

The silent form expression found,

Returned my kiss of youthful daring,

And understood my heart's quick sound.[14]

인용된 3행에는 상호 소통의 의미가 깊게 배어 있다. 언어, 입맞춤, 가슴 뛰는 소리는 모두 상호적이기 위해 있는 것이다.

---

13) Schiller, F. von, *Philosophische Gedichte-Poesie filosofiche*, SE SRL, Milano, 1990, p.76.
14) Bulfinch, T., *The Age of Fable*, Mentor Classics-New American Library, New York, 1962, p.96.

7. 슬픈 미노타우로스

모든 신들에게 꿀단지를, / 미궁의 여주인을 위해 꿀단지를
— 미케나이 점토판(B.C. 15세기)

　이 문장은 이즈미 마사토가 쓴 《우주의 자궁, 미궁 이야기》에 나온다. 이 책에는 '미궁의 어원과 개념사'가 설명되어 있다. 그 가운데서 위의 문장이 나오는 부분을 직접 인용해본다. "미궁 개념의 역사는 어느 정도 밝혀진 바 있다. 현재의 연구 수준에서 말하자면, 라비린토스라는 말이 역사상 처음으로 등장하는 것은 크노소스에서 발굴된 기원전 1400년경의 것으로 추정되는 미케나이 점토판이다. [···] 이 점토판에는 기원전 16세기부터 기원전 12세기경까지 사용된 고대 미노아 문자인 선문자(線文字) B가 새겨져 있다. 현재로서 가장 유력한 해독에 따르면, 거기에는 다음과 같이 쓰여 있다.

　모든 신들에게 꿀단지를
　미궁의 여주인을 위해 꿀단지를

　여기서 노래하고 있는 것은 분명 신에게 바치는 공물(供物)일 것이다. 이 시구에는 이 미궁이 숭배에 관련된 특별한 건물일 것이

라는 점, 그것은 다른 신전과는 달리 특별히 언급할 가치가 있는
건물로 여겨졌다는 점이 나타나 있다."[15]

일본어를 모르는 필자로서는 원문을 확인할 수 없었지만, 이즈
미 마사토의 책이 미궁에 대해 다양한 정보와 지식을 제공하고 있
어서 흥미롭게 읽었다.

8. 아프로디테의 신호

섹스(sex)는 언제나 우리를 사로잡는 주제이다 - 제러드 다이아몬드

지리학자이자 생리학자인 제러드 다이아몬드(Jared Diamond)는
자신의 저서 《섹스의 진화》를 위의 문장으로 시작한다.[16] 원서의
제목은 좀 더 세속적이며 직설적으로, '왜 섹스는 재미있는가(Why
Is Sex Fun)?'이다.

인용구의 원문은 다음과 같다. "The subject of sex preoccu-
pies us."[17] 여기서 주목해야 할 단어는 'preoccupy'이다. 어원

---

15) 이즈미 마사토,《우주의 자궁, 미궁 이야기》, 오근영 옮김, 뿌리와이파리, 2003, 39~40쪽.
16) 제러드 다이아몬드,《섹스의 진화》, 임지원 옮김, 사이언스북스, 2005, 12쪽.
17) Diamond, J., *Why Is Sex Fun?-Evolution of Human Sexuality*, Basic Books-Perseus Group, New York, 1997, p.ix.

상 '미리(pre-) 점령하다(occupy)'라는 뜻을 내포하는 이 단어는 '마음을 빼앗다' 또는 '생각에 잠기게 하다'라는 뜻으로도 쓰인다. 성(性)과 연관하여 이 단어를 사용함은 다분히 '성환원주의적' 경향을 내보이는 것이다. 성이 모든 것에 우선한다는 의미를 품고 있기 때문이다. 영어로 보면 매우 간단한 표현이지만 본서 8장에서 다루고 있는 주제와 밀접해서 선택했다.

제러드 다이아몬드는 다학제적 연구를 실천하는 학자이다. 분자생물학, 유전학, 생물지리학, 고생물학, 언어학 등의 최신 연구 성과를 종합함으로써 문자로 기록되지 않은 인류 문명사의 비밀을 해명하려는 노력을 계속하고 있다. 그 성과로《총, 균, 쇠Guns, Germs, and Steel》가 있다. 이 책으로 다이아몬드는 1998년 퓰리처상을 받았다.

9. 편재하는 나르키소스

나르키소스가 그렇게 아름다웠나요? - 호수

이 말은 9장의 본문 '호수 이야기'에 담겨 있다. 그러므로 별도의 설명이 필요 없을 것 같다. 도입부의 인용문으로서 다른 어느 것보다 잘 어울린다는 생각에 반복했다.

10. 디오니소스와 포도주의 인식론 243

아름다움의 생물학적 기능을 이해한 철학자를 원한다면, 니체를 읽어라
- 제프리 밀러

    이 문장은 제프리 밀러(Geoffrey Miller)의 《메이팅 마인드》에 나온다. 원문은 다음과 같다. "If you want a philosopher who understood the biological function of beauty, read Nietzsche instead."[18] 원문에는 'instead'라는 말이 있으나 인용문을 따오면서 번역하지 않았다. 밀러가 '대신에'라고 한 것은 그가 앞서 칸트의 《판단력 비판》에서 전개된 미학적 입장을 비판했기 때문이다. 다시 말해 칸트 대신에 니체를 읽으라는 뜻이다.

    밀러의 성환원주의는 분명하고 적극적인데, 이는 책의 부제 (How Sexual Choice Shaped the Evolution of Human Nature)를 보아도 확실히 알 수 있다. 밀러는 성선택이 인간 본성을 결정한다고 하지 않고 '인간 본성의 진화' 틀을 만들었다고 하기 때문이다. 이는 진화의 주된 견인차가 성선택이라는 입장이다. 본서의 8장에

---

18) Miller, G., *The Mating Mind: How Sexual Choice Shaped the Evolution of Human Nature*, Anchor Books-Random House, New York, 2001, p. 283. 이 책의 한국어 번역본은 처음에 《메이팅 마인드》(소소, 2004)라는 제목으로 출판되었다가 절판되었고, 지금은 《연애》(동녘사이언스, 2009)라는 제목으로 개정판이 나와 있다.

서도 다루었지만 성(性)과 미(美)의 관계는 이런 진화론적 입장을 설명하는 기본 틀이다.

최근 진화생물학자들의 수사법은 매우 단호하고 단도직입적이라는 특징을 공유하는 것 같다. 도킨스(R. Dawkins)가 그 선두 주자이고 밀러도 예외는 아니다. 밀러가 니체로부터 영감을 받은 것은 그 자신의 고백대로 사실이지만, 그가 얼마나 니체의 사상을 이해했는지는 미지수라고 할 수 있다. 그는 자신의 저서에서 니체의 입장을 매우 단호하게 언급하고 옹호하지만, 제대로 설명하고 있지 않기 때문이다.

위의 인용문을 선택한 것도 밀러의 입장을 무조건 지지해서가 아니라, 이런 양면성으로 인해 좀 더 깊게 생각할 필요가 있기 때문이다. 독자들도 이 점을 숙고해주기 바라는 마음이다.

11. 스핑크스와 인간의 초상

태초에 수수께끼가 있었다 - 김진효

글을 쓰다 보면 장난기가 발동할 때가 있다. 그걸 치기라고 해도 크게 틀린 건 아니다. 어린아이의 장난이야말로 진지하기 때문이다. 남들이 멋진 말을 하면, 나도 그런 '문화적 놀이'에 참여하고 싶어진다.

위의 문장은 내가 지어낸 것이다. '진효'는 내 원명이기 때문이다. 즉 태어날 때 아버지께서 지어주신 나의 '공식' 이름이다. 그런데 초등학교 들어갈 때 항렬을 치밀하게 따지는 할아버지께서 뭔가 만족스럽지 않다고 현재 내 이름인 '용석'으로 바꾸셨다. 그래도 집안에서는 한동안 나를 진효라고 불렀고, 지금도 연로한 친척이 나를 진효라고 부르는 경우가 있다. 나는 진효를 좋아한다. 무엇보다 내 정체성을 확실히 해주기 때문이다. 흔치 않은 이름이기 때문에 남들과 헷갈리지 않게 해준다. 그것 역시 정체성 아니고 무엇이겠는가. 그런데 용석이라는 이름을 전화번호부에서 찾거나 인터넷 검색에서 한번 쳐보라. 그것도 김씨 성을 앞에 붙이고 찾으면 '나'를 찾기 정말 어렵다. 그리고 한 치 건너 두 치라고 아버지가 지어주신 이름을 더 좋아하게 되는 것이 당연하지 않은가.

언젠가 김진효라는 이름으로 글을 쓰거나 책을 출판하게 될 때, 독자들이 '그'가 '나'라는 것을 알아봐주기를 기대하며 그 증거를 여기 남기려는 의도도 있다. 아니면 두 분 조상님의 오이디푸스적 불화가 천상에까지 이어지는 것을 방지하기 위해 '김진효용석'이라는 다섯 글자 이름도 괜찮다는 생각도 하고 있다.

이제 본론으로 들어가자. 아니, 위의 글을 본론으로 말하고자 했던 것이 본심이었으니까 이제 결론으로 가야겠다. "태초에 수수께끼가 있었다"라는 말은 "태초에 말씀이 있었다"라는 성경 구절의 패러디이다. 이것은 누구든 금방 알 수 있다. 그런데 여기서 중요한 건 이것이 또한 실질적 '동어반복'이라는 점이다. 그리스어 성경에서 말씀은 로고스(logos)이다. 로고스는 분명히 주어진 답이 아니라 우리가 깨우쳐야 할 '무엇'이다. 그렇기 때문에 '수수께끼' 같은 것이다.

고대 그리스 철학자 헤라클레이토스는 만물의 원리를 로고스라고 했다. 하지만 그는 또한 "로고스는 언제나 있지만, 사람들은 그것을 듣기 이전에도 몰랐고 듣고 나서도 모른다"고 했다. 이는 로고스가 수수께끼같이 애매모호하다는 것을 일러준다. 말씀은 태초부터 언제나 있어왔지만 우리는 그 의미를 잘 모른다. 진리의 언어인 로고스는 숨바꼭질하기를 좋아한다. 의미의 숨바꼭질이 수수께끼이다.

12. 사유 매체로서 변신 이야기

신화에는 '믿을 만한 신'이 없다 - 무명씨

'1장'의 인용문을 언급하면서 무명씨가 '문장의 주인'인 두 경우를 12장에 관한 도움말에서 함께 설명하겠다고 했다. 내가 이 두 문장을 발견한 것은 3년쯤 전이다. 초겨울 늦은 아침이면 내 서재의 남동쪽 구석에 햇살이 가득하다. 그쪽에 있는 책장에는 책들이 마치 일광욕을 하듯이 등을 햇빛 쪽으로 대고 나란히 앉아 있다. 나는 책들이 일광욕을 지나치게 해서 책등이 바래는 것을 방지하기 위해 그곳을 신문지로 덮어놓기도 한다.

3년 전 이맘때쯤 야간 집필 작업으로 늦잠을 잤던 나는 부스스 일어나 책등을 신문지로 덮기 위해 책장에 다가갔다. 아폴론의 빛은 책장 맨 아래 귀퉁이까지도 찬란하게 비추고 있었다. 책장은 벽돌과 송판을 번갈아 놓아 구성한 것이다. 직육면체의 벽돌 다섯 개를 놓고 송판을 놓는 식으로 네 칸으로 쌓여 있는데, 맨 아래에는 벽돌이 하나이다. 방바닥과 사이를 떼어놓는 기능만 하면 되기 때문이다. 순간 나는 맨 아래 벽돌과 마지막 송판 사이에 제대로 철하지 않은 메모지 여러 장이 간신히 끼여 있는 것을 발견했다. 나는 마치 서재라는 마이크로 코스모스에서 외계 생명체라도 발견한 듯이 그 메모지들을 뽑아냈다. 그제야 눈곱 붙은 눈을 비비고 메모지들을 찬찬히 살펴보았다. 어떤 것은 글씨가 바래서 잘 보이지 않았다. 어떤 것은 흘려 쓴 글씨체가 내 것 같기도 하고 남의 것 같기도 했다. 고백하건대 내겐 사실 글씨체라는 것도 없다. 워낙 악필인 데다 그때그때 글자 모양과 흘림이 제멋대로이기 때문이다. 어떤 때는 글인지 그림인지 혼동되기도 한다. 그러니 내가 쓴 글을 내가 '해독'하지 못할 때도 있다. 때론 그것이 재미있는 일이기도 한데, 내 글을 해독하기 위해 대단한 탐구 정신으로 장시간 매달릴 경우도 있다. 혹 나를 방문한 사람들과 밤새 개똥철학을 하게 되면 그들로부터 메모를 받기도 하는데, 그들은 우리 집에서 포도주와 치즈를 동내고 내게 야식으로 '스파게티 알라 로마나'를 만들어달라고 한 값을 마치 지폐처럼 메모지로 갚는다. 그날 내가 발견한 메모지는 분명 '누구'의 것이며 내가 한동안 잘 모셔두었던 것임에 틀림없는데, 각각의 메모지가 누구의 것인지는 확실치가 않았다. 물론 대부분의 메모지는 나의 것이다. 하지만 나는 그날 따라 그 메모지들이 상당수 외계인의 것이라고 생각하고 싶어졌다. 아마 공은 남에게 돌리는 것이 속 편하다는 것을 알고 있기 때문이었을지도 모른다. 나도 책들처럼 그들 옆에 쪼그리고 앉아 최고의 보약인 아침 햇살로 일광욕을 하면서 메모지들을 찬찬히 해독하기 시작했다. 아폴론으로부터 속 쓰린 위벽까지 따스해지는 에너지를 받았기 때문인지 그때 보석처럼 내 눈에 들어온 문장들이 많았는데, 이 책에서 인용한 두 문장도 그들 가운데 있었다.

내가 이 두 문장을 외계인의 것이라고 간주했기 때문에 저작권은 그들에게 있다. 다만 나는 그들의 이름을 모른다. 그래서 '무명씨'라고 한 것이다. 그리고 같은 무명씨가 두 문장을 메모했는지, 각기 다른 두 무명씨가 쓴 것인지도 확실하지 않다. 어쨌든 이 두 문장에 대한 저작권은 내가 관리하고 있다. 그럴 일이 별로 있을 것 같지는 않지만, 혹 이 문장을 재인용하고 싶은 독자는 나와 저작권 문제를 상의해야 할 것이다.

"신화는 과학의 운명을 노래한다." 이 말의 의미는 1장 전체에 배어 있다. 일반 상식과 달리 신화와 과학은 그 발생 시점과 인간의 관심사라는 점에서 밀접해 있다. 우주 생성론적 신화와 고대 자연철학이 그 좋은 예이다. 그러나 근대 과학은 신화의 운명을 단절하듯이 바꾸어놓았다. 그래도 영생하는 신화는 과학의 운명을 노래한다. 문명적 비관주의자들이 바라듯이 그것이 경고의 노래만은 아니다. 그것은 희망의 노래일 수도 있고, 비극적 애도의 노래일 수도 있으며, 동반자적 위안의 노래일 수도 있다.

"신화에는 '믿을 만한 신'이 없다." 이 말의 의미도 12장에서 어렵지 않게 포착할 수 있다. 다만 '믿을 만한 신'은 다의적일 수 있다. 믿음 역시 다의적이기 때문이다. 사람들은 이 점에서 유연성을 발휘하는 일이 중요하다는 것을 자주 잊는다.

오늘도 햇볕이 따사롭다. 부러움을 살 만큼 뿌듯한 만족감으로 오늘도 책들은 일광욕을 하고 있다. 나도 그들 곁에 붙어 앉아 햇볕을 쬔다. 벌써 10년 가까이 나와 함께 살아온 책장 옆 고무나무가 묻는다.

"좋지?!"

"응."

세상에서 정말 좋은 것은 자연스레 고운 추억으로 남을 삶의 확신이다.

인명 찾아보기

ㄱ
갈릴레이, 갈릴레오(Galilei, Galileo) 13
그린필드, 수전(Greenfield, Susan) 71, 73
글라이저, 마르첼로(Gleiser, Marcelo) 88

ㄴ
나카자와, 신이치(中宅澤新一) 222, 223
널랜드, 셔윈(Nuland, Sherwin) 69
노이만, 에리히(Neumann, Erich) 139
뉴턴, 아이작(Newton, Isaac) 16~18, 81
니체, 프리드리히(Nietzsche, Friedrich) 161, 165~176, 180~185, 187~190, 193~195, 243, 244

ㄷ
다윈, 찰스(Dawin, Charles) 18, 19, 24, 121, 122, 134, 135, 142~144, 177, 194
다이슨, 프리먼(Dyson, Freeman) 43, 93, 94, 232~234
다이아몬드, 제러드(Diamond, Jared) 131, 134, 135, 137, 139, 241, 242
다케우치, 구미코(竹内久美子) 135, 136
도킨스, 리처드(Dawkins, Richard) 19, 20, 70, 71, 135, 244
들뢰즈, 질(Deleuze, Gilles) 122, 123

ㄹ
라이트 형제(Wright, Wilbur & Orville) 233
라캉, 자캉(Lacan, Jacques) 138

레비-스트로스, 클로드(Levi-Strauss, Claude) 213, 222
렌츠, 울리히(Renz, Ulrich) 137
리쾨르, 폴(Ricoeur, Paul) 88~91, 96

ㅁ

마걸리스, 린(Margulis, Lynn) 119, 120
마르크스, 칼(Marx, Karl) 114
마크로비우스(Macrobius) 79
만, 토마스(Mann, Thomas) 120
매즐리시, 브루스(Mazlish, Bruce) 57, 67, 204, 234, 235
매클루언, 마셜(Mcluhan, Marshall) 148~151, 153~155
메길, 앨런(Megill, Allan) 172~174
몽테뉴, 미셸 에켐 드(Montaigne, Michel Eyquem de) 5, 56, 221
밀러, 제프리(Miller, Geoffrey) 136, 161, 194, 243, 244
밀턴, 존(Milton, John) 122

ㅂ

바르트, 롤랑(Barthes, Roland) 225
바이츠제커, 카를 프리드리히 폰(Weizsäcker, Carl Friedrich von) 227
바인리히, 하랄트(Weinrich, Harald) 98
벌핀치, 토머스(Bulfinch, Thomas) 239
베르길리우스(Vergilius) 218
베르베르, 베르나르(Werber, Bernard) 197, 202, 205
보르헤스, 호르헤 루이스(Borges, Jorge Luis) 4
보어, 닐스(Niels, Bohr) 237
보티첼리, 산드로(Botticelli, Sandro) 145, 146
볼츠만, 루트비히(Boltzmann, Ludwig) 83
부버, 마르틴(Buber, Martin) 107
뷰캐넌, 마크(Buchanan, Mark) 236
브룩스, 로드니(Brooks, Rodney) 105

ㅅ

성 아우구스티누스(St. Augustinus) 80, 81
세르비우스(Servius) 79
세이건, 칼(Sagan, Carl) 50
셔머, 마이클(Shermer, Michael) 213, 219
소크라테스(Sokrates) 28, 32~34, 37, 38, 65, 130, 190, 230, 231
소키누스, 파우스투스(Socinus, Faustus) 94
소포클레스(Sophocles) 203
스피노자, 베네딕트 드(Spinoza, Benedict de) 119
실러, 프리드리히 폰(Schiller, Friedrich von) 101, 238, 239

ㅇ

아도르노, 테오도어(Adorno, Theodor) 41, 225
아리스토텔레스(Aristoteles) 15, 37, 54, 69~71, 90
아이디, 돈(Ihde, Don) 234
아이스킬로스(Aischylos) 218
아탈리, 자크(Attali, Jacques) 129
에딩턴, 아서(Eddington, Arthur) 81
에우리피데스(Euripides) 162, 184
오비디우스(Ovidius) 30, 47, 80, 103, 147, 150, 151, 160, 162, 163, 206, 207, 211, 212, 227
와거, 월터 워런(Wager, Walter Warren) 130
와인버그, 스티븐(Weinberg, Steven) 20, 28, 86, 195, 230~232
와일드, 오스카(Wilde, Oscar) 151
와츠, 조지 프레드릭(Watts, George Frederic) 127
요나스, 한스(Jonas, Hans) 121
월퍼트, 루이스(Wolpert, Lewis) 214, 218~221
윌슨, 에드워드(Wilson, Edward) 19~21, 24
융, 칼 구스타프(Jung, Carl Gustav) 66, 68
이나스, 로돌포(Llinas, Rodolfo) 67, 68, 72
이즈미, 마사토(和泉雅人) 240, 241

ㅈ

존스, 스티브(Johnes, Steve) 134, 195
짐멜, 게오르그(Simmel, Georg) 54

ㅊ

처칠랜드, 패트리샤(Churchland, Patricia) 67, 69

ㅋ

카라바조, 미켈란젤로 다(Caravaggio, Michelangelo da) 29
카이유와, 로제(Caillois, Roger) 53
칸트, 임마누엘(Kant, Immanuel) 110~112, 192, 213, 215, 220, 243
캐럴, 션 B.(Carroll, Sean B.) 143, 144
커니, 리처드(Kearney, Richard) 76~78, 80, 92, 95, 96
커즈와일, 레이(Kurzweil, Ray) 39
코엘료, 파울로(Coelho, Paulo) 151, 154
코페르니쿠스, 니콜라스(Copernicus, Nicolaus) 13, 210
쿠르베, 귀스타브(Courbet, Gustave) 138
쿠스토, 자크(Cousteau, Jacque) 233
크노, 카트린(Queneau, Catherine) 185
키케로, 마르쿠스 툴리우스(Cicero, Marcus Tullius) 37, 40

ㅍ

파르메니데스(Parmenides) 226, 227
파스칼, 블레즈(Pascal, Blaise) 218
파인만, 리처드(Feynman, Richard) 237
푸코, 미셸(Foucault, Michel) 56
프리고진, 일리야(Prigogine, Ilya) 15~19, 21, 23, 141
프리맥, 데이비드(Premack, David) 214
플라톤(Platon) 32~34, 37, 50~52, 64~66, 73, 93, 101~103, 112, 114, 230
플루타르코스(Plutarchos) 79

ㅎ

하트숀, 찰스(Hartshorne, Charles) 94
허트, 파이어트(Hut, Piet) 87
헉슬리, 토머스(Huxley, Thomas) 134
헤겔, 게오르크(Hegel, Georg) 112~114
헤라클레이토스(Herakleitos) 62, 145, 226, 246
헤시오도스(Hesiodos) 76, 87, 93, 97, 131, 145, 161, 162, 164, 178
호건, 존(Horgan, John) 237
호킹, 스티븐(Hawking, Stephen) 84, 86
홀턴, 제럴드(Holton, Gerald) 23
횔덜린, 프리드리히(Hölderlin, Friedrich) 182, 183
휠러, 존 아치볼드(Wheeler, John Archibald) 75, 89, 99, 236~238
흄, 데이비드(Hume, David) 215

메두사의 시선

첫판 1쇄 펴낸날 2010년 1월 29일
　　2쇄 펴낸날 2010년 12월 22일

지은이 김용석
펴낸이 김혜경
문학교양팀 이재현 이진 김미정 백도라지 이지현 윤진아
디자인팀 서채홍 김명선 권으뜸 지은정
마케팅팀 문창운
홍보팀 윤혜원 오성훈 김혜경 강신은 김선업
경영지원팀 임옥희 양여진

펴낸곳 (주)도서출판 푸른숲
출판등록 2002년 7월 5일 제 406-2003-032호
주소 경기도 파주시 교하읍 문발리 파주출판도시
　　 529-3번지 푸른숲 빌딩, 우편번호 413-756
전화 031)955-1400(마케팅부), 031)955-1410(편집부)
팩스 031)955-1406(마케팅부), 031)955-1424(편집부)
www.prunsoop.co.kr

ⓒ김용석, 2010
ISBN 978-89-7184-829-6 (03100)

* 잘못된 책은 구입하신 서점에서 바꾸어 드립니다.
* 본서의 반품 기한은 2015년 12월 31일까지입니다.

이 도서의 국립중앙도서관 출판시도서목록(CIP)은 e-CIP 홈페이지(http://www.nl.go.kr/cip.php)에서
이용하실 수 있습니다. (CIP제어번호: CIP2010000195)